先生ごめんなさい
〜リュウ太7歳のころ〜

ハサミがないっ
ない
ない
どうしよう ハサミがないと お母さんに 帰ってから 怒られちゃう もうダメだ
落ちついて 探してみよう
面談で
——という ことがありました
ガミガミいった 私のせいで 先生に迷惑 かけて ゴメンナサイ
先生 私を 叱って
大人は 叱りません

現在5年生になったリュウ太は失くし物は半分に減りました。かわりに落ちていた"えんぴつ"をもったいないと拾ってきます。ではマンガが始まりまーす！

kokoro library

漫画家ママの

うちの子はADHD

エー・ディー・エッチ・ディー

かなしろにゃんこ。
監修／田中康雄［北海道大学名誉教授］

講談社

はじめまして かなしろです
育児書を読んでいて
一度か二度はこの文字を見たことがありました
ADHD
ADHD…
なんだろう?
へー
発達障害
うちには関係ないな
ぱたん
zz....

うちの子は
ただ
元気すぎて
ハァ
ハァ
まって——!
ゴオオオー
ちょっと
育てにくい子
男の子は
このくらい
活発なほうが
いいよね
アレッ
また
いない
買い物では
しょっちゅう
このくらい
フツ——よね
いたっ
ガーン
ダメッ
200m先の
オモチャ売り場で
バトル中
6590円
フツ——だよねっっ!?

この子は
そそっかしすぎる
だけだよね
たまーに
普通じゃ
なくなっちゃう
だけだよね…
この本は
わが子が
ADHDだとは
思いもしなかった
漫画家の母親が
ADHD
息子と向きあい
それを受け入れて
いった
実体験を描いた
マンガです
汚なっ
ころんじゃったから
ころがって
あそんじゃったの

目　次

漫画
かなしろにゃんこ。

はじめまして…1

1 うちの子 みんなと違う!?…6

2 かーさんはヘトヘト…13

3 お教室会議…20

4 ぴかぴかの1年生のはずが…30

5 友達とのケンカ…36

6 リュウ太の特別スペース…44

7 涙の跡…52

8 ほっとする時間…60

9 とうとう大きなケガ…66

10 児童教育相談所へ…73

11 リュウ太の胃痛とこころクリニック…80

12 親のしつけのせいじゃない…88

13 父親の抵抗と息子への告知…100

14 家族みんなでなおしていく…110

あとがき…150

解説
田中　康雄

ADHDは「生活障害」
～ほんとうの問題とは何か～

ADHDってなに？…124　ADHDって最近のもの？…128

年齢によるADHDの行動特性…132

子ども自身がいちばん傷ついている…137

子どもと親への対応…139　おわりに…148

漫画家ママの うちの子はADHD

作・かなしろにゃんこ。

5歳のころ

仕事が早く終わった日は園に そっと迎えに行く
コソ コソ
ヌキうちチェック
やっぱり心配で気になるしね
アレ！リュウ太がいない
うちの子って協調性なさすぎ
やる気全くなし⇩
床がおともだち♥
ブップー

なくしやすいものはこのような道具入れを探して買い入れました
ひらく
はさみ
のり
ホチキス
セロテープ
カスタネット
セロテープはひもでファスナーの金具とつなげた
なくした物がないかどうか一目でわかるので便利です
学校できめられている道具袋は不便
毎日持って帰って見せなさい
はーい
どうぐいれもってかえるのわすれた
こんなこともしょっちゅう
じゃあ机の中の物をすべて持って帰るように
それも忘れると
えへっ
こいつ〜〜 もう 机ごと持って帰ってきなさい！

7歳のころ

1 うちの子 みんなと違う!?

あの… リュウ太くんの お母さん
はい
それは 保育園の お迎えの 時のこと
がっき
実は 4月からずっと リュウ太くん 荒れているんです
え!?
どんなふうに 荒れているんで しょう?
その日によって 様々なんです お時間のある時に 一度 園での様子を ごらんになってください

見たいような 見たくないような
わかりました…
次の週
らくだ保育園
ここからこっそりのぞいてみてください
窓に黒い紙が貼ってありますから人の影はうつりません
キャラクターの目が穴になってる!
子どもたちが外で遊んでいる時は中からのぞいて
お教室で遊んでいる時は外からのぞいてください
入園したばかりの5歳のリュウ太が園でどのように過ごしているのか
保育園の先生が用意してくれたのぞき穴ではじめてわかったのです
ブロック
がっき

いる いる
わ♡ ドロだんご
さわるな
ゴスッ
やー リュウ太 なんてことを
びや〜ー
せんせー リュウ太くんが
こっち くるな
シャー
シャー
なんなの あのチビっ子 ランボーは
なにも してない子を
いきなり ぶつのは ひどすぎる

その後も
干渉されると怒ったり
シャアァー!
みないで あっち いって
いけません やめて
おもしろくないと オモチャを 投げまくり
泣く
うわ〜〜〜
これ以上 見たくない
穴があったら 入りたいんですけど
どこかに穴 ありませんか
2時間 立ちっぱなしで お疲れ様でした リュウ太くんの 様子は どうでしたか?

ぶっちゃけ親子で消えてしまいたいです
あんな毎日が続いて
リュウ太くんは〝乱暴な子〟というイメージがついてしまっています
イライラするのは愛情不足かもしれません
お仕事が忙しいのはわかりますがおうちでもっとスキンシップを増やして愛情をそそいであげてくださいね
今日園で見たことは家では怒らないであげてください
はい…
今日はもう連れて帰ります
はい
おかーさん
リュウ太今日は早くおうちに帰れてうれしい?
まいにちおむかえはやくきてね

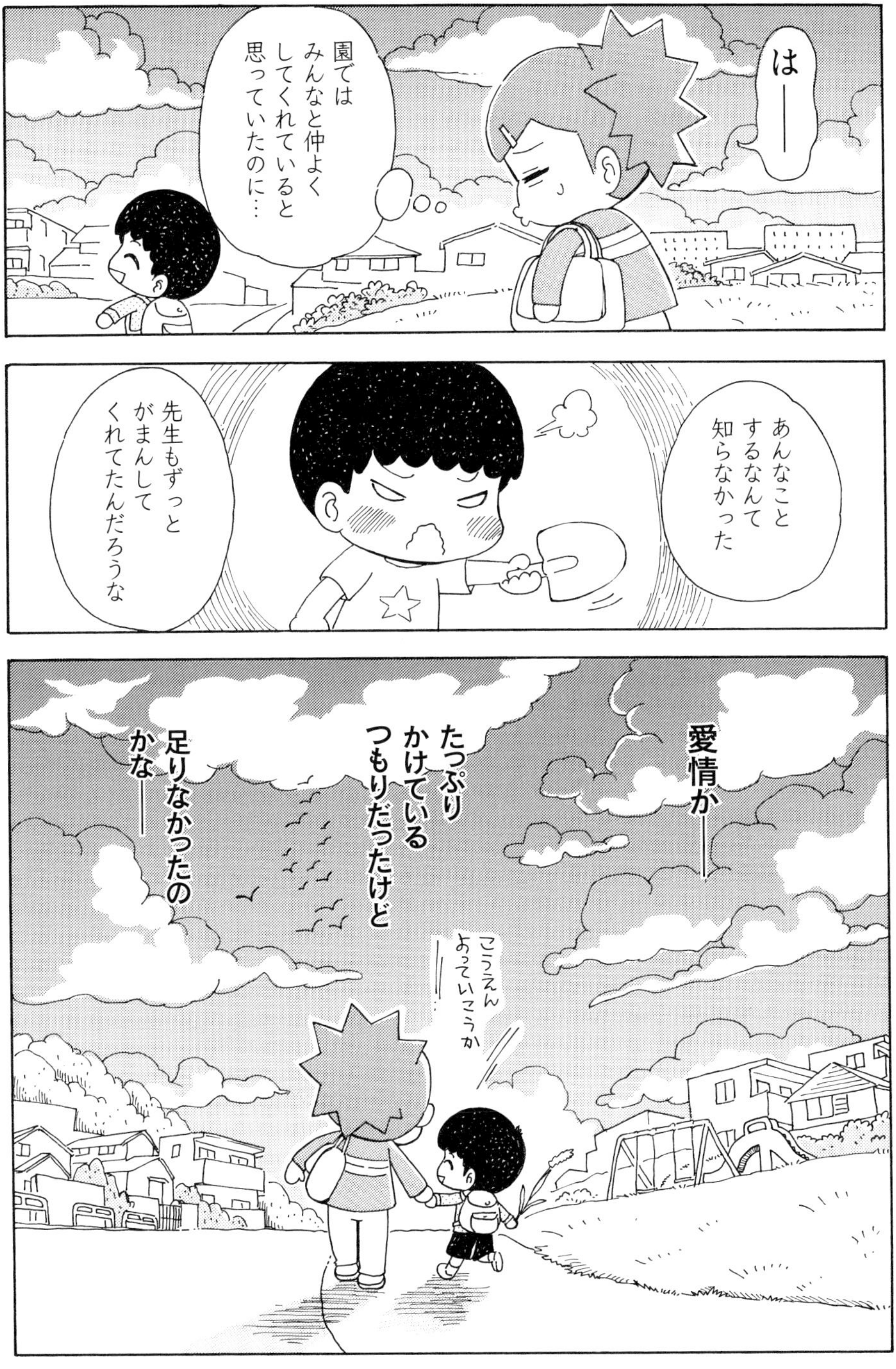
はーー
園では
みんなと仲よく
してくれていると
思っていたのに…
あんなこと
するなんて
知らなかった
先生もずっと
がまんして
くれてたんだろうな
愛情かーー
たっぷり
かけている
つもりだったけど
足りなかったの
かなーー
こうえん
よっていこうか

それからは迎えに行くたび
さよならー
さよなら
らくだ保育園
おかえりなさい
あのーリュウ太くんのお母さん
びくっ
ぼうし
うちの子なにかやらかしましたか!?
またオモチャを凶器にお友達を殴ったとか？
あ…　いえ…
タンスの着替えの追加をお願いしようかと…
なんだ…
ホッ
いちいちドキドキします

② かーさんはヘトヘト

どうしてすぐ怒るんだろう
どうしてオモチャを投げて暴れるんだろう
あの…リュウ太くんのお母さん
ちょっとお話が…
きた
今日もリュウ太くんの投げたブロックのかたまりがあやかちゃんのおでこにあたりまして…
責めているわけではないんです一応報告を…
すっかり呼びとめられる常連になってしまいました

リュウ太くんも反省してもうやらないといってくれて解決したので
このことはおうちでは怒らずいつもより多くスキンシップをとってあげてくださいね
ごめんねあやかちゃん
うん
プルプル
わかりました本当にすいません
——といったものの
リュウ太〜〜〜
もうオモチャ投げないって約束したのにやぶったな
だってあやかちゃんが〜
怒らずにはいられません
集団の中で人間関係を学ぶのには保育園がいいと思っていたのに…
リュウ太ごはんだよ
わっ
またこんなにちらかしてる!

いやーー
おとなしく遊んでくれてると思ったら
どうしていつもいつもちらかしちゃうのよ
ごちゃーー
ここの部屋だけねっていったじゃん
あーーまたお母さんのペン書きつぶしたな
ダメーー
そこいじらないでまだあそぶから
こっちもダメーー
まちこわさないで
そんなこといってたら片づかないでしょ
んもーー足の踏み場がないし困るんですけど
オモチャ全部出すなっていったでしょしまうの大変じゃん
ったくもーーごはん食べて寝る時間なのに用事増やさないでよ
ガミ
ガミ
ガミ

フン
わかったよ しまえばいいんだろ って顔
ガッ
ブチ
コラ―― オモチャを投げるなと教えたばかりっしょ
ドカーン
ちゃんと片づけられないならオモチャ全部捨てるからね
そうよ もう捨てよう 明日のゴミに出して
やだ〜〜
すてないで〜〜
もう やらないから
おかたづけするからだっこして
「ごめんなさい」でしょ――が
これがリュウ太流の「ごめんなさい」でした

投げるとオモチャさんが
かわいそうでしょ
やさしく箱に入れて
あげようね
ぐすん ぐすん
うん！ オモチャさんに やさしくする
おわったーー
もりっ
よせ集めた だけじゃんか
それじゃ 片づけに なってない でしょう
何回いえば わかるのよ
ガミ ガミ
ミニカーは ミニカーの箱 電車のオモチャは こっちの箱に
絵本は 向こうの本棚に もどすんでしょ
いいかげんに 覚えなさいよ
わかんない
できないっ

わーん
ばたん
じたん
――夜
やっと寝た…
もう子育てに疲れちゃった…
園でも問題ばっかりだし
リュウ太の父デス！
おまえが家でリュウ太を甘やかすから園でもわがままになるんだろう
もっと厳しく育てろよ
そんなこというならたまにはお父さんが送り迎えしてよ
ぶー

あたしが甘やかしているから悪いのかな…
しつけが足りないのかな…
そんなに愛情かけてないのかな…
やっぱり
母親が仕事しているのがいけないのかな…
今日もガミガミ怒ってゴメンね…リュウ太
ナゼか寝顔には素直に謝れる
いいこいいこ
うーん
息子の寝顔を見てあれこれ悩む母でした

3 お教室会議

リュウ太は感情のコントロールがうまくできない
こっちもふりまわされて落ちこむ
らくだ保育園
さよなら
あけないでね
あれ こんなところにいたの
迎えにきたよ
ないでね

おかえりなさい
リュウ太くん
だまって
お教室を出て
廊下のすみに
いることが
多くなりました
だっこ
目の届かない
場所だと
キケンなので
注意をしているん
ですが
また
ここに
くるんです
なんで
暗い廊下に
いるの
お教室に
入りなさいよ
ヤダ
ここがいい
!
リュウ太の体が
硬い…
緊張してる!?
あけないでね
もしかして
なにかあったな
じとー
…

実は 今日 お教室のみんなで リュウ太くんについて 会議をしたんです
みんな リュウ太くんを 怖がっています
ドキン
オモチャを投げる 暴言を吐く 怒鳴る
そんなリュウ太くんを みんながどう思っているか 本人にわかってもらうために 話し合ったんです
は… はい
おおきい こえで うるさい
なにか とんでくるのが こわくてヤダ
そんなこと するのは ともだちじゃない

いつまでも
なおしてくれない
リュウ太くんに
一人一人
気持ちを話して
もらいました
え――――!!
普段 みんなは
リュウ太くんに
やられているので
ここぞとばかりに
リュウ太くんを
責めましたが
私の横で
逃げ出さずに
みんなの話を
ちゃんと聞いて
くれました
みんなは
ゆるして
くれましたよ
本当に
リュウ太くんが
変わってくれるのを
まってるんです

ぎゅ…
先生に
なんて謝ったか
覚えていません
たぶん
いつものように
謝っていた気が
します
私は ただ
ただ ショックで
リュウ太に
なんて声を
かけたらいいのか
わかりませんでした
言葉が
出てこないかわりに
ポロ
ポロ

涙が出てきました
ぐしっ
どうしたら変われるんだろう
どういいきかせればやめてくれるんだろう…
正直もう
方法がわからない
自分が原因とはいえ矢面に立つことになったリュウ太は
どんなに情けなかっただろう

逃げ出したかっただろう…
そんな会議を決断しなくちゃいけないくらい先生も困ってたんだよね…
保育園
やめたほうがいいかな…

ドルルルルル
リュウ太くんのお母さん
園長先生!
リュウ太くんのこと気にしないでのびのび育てなさい
でんわだーれ?
今は手がかかるかもしれないけれど
大人になるまでずっとそのままとは限らないんだから
思春期になっていきなりキレちゃう子なんかよりも
リュウ太くんはわかりやすくて楽なのよ 本当は
卒園まであと半年
お母さんもがんばって通ってよ!
園長先生
それはこんなリュウ太でも卒園まで面倒をみてくれるってことなんでしょうか
は…はい がんばります

とても
ホッとした
救いの
声だった
キュン
キュン
ほら早く
着替えて
ごはん食べよう
ぼく
ほいくえん
いかない…
リュウ太…
あんなことが
あったら
そりゃ
行きづらいよね…
でもさ
一人でおうちで
遊ぶのはさみしく
ないかな?
いい
おうちに
いたい

だって
ほいくえんに
おともだち
いないし
どうしよ…
不安に
なってきた…
しかし
仕事が…
キッ
まだ
通ってて
ほしいし
ここは心を
鬼にしなく
ては…
じゃあ
お昼寝の前に
迎えに行くから
ねっ
行こうね
う…
う〜〜〜ん
今日は
なにも問題を
起こしません
ように…
はやく
きてねー
オー
まかせて
こうやって
園長先生の
励ましもあって
卒園まで
通いとおしたの
でした

4 ぴかぴかの1年生のはずが
体育着
リュウ太

うちやま
入学式
あさだ しょうき
いいだ あおい
おがた かずなり
かなしろ リュウタ
いとう たくや
はせがわ トム
まま むつみ
たかなし
つちだ
ぼくの名前あったよ!

リュウ太は1年2組か
私は 新しい小学校生活に期待していました

学校の中で道徳や新しいルールも学べるし
お友達とのつきあいもよくなっていくかもしれない
きっとすぐに手のかからないお兄さんに成長するはず
がっこうデカーイ
――と思っていたのに…
ば
ら

エンピツとケシゴムは
筆箱にしまうんでしょ
3本しかエンピツ
ないじゃん
他のは どう
しちゃったの
ガミ
うーん
ガミ
連絡帳は 毎日
持って帰ってきてって
いったじゃない
帽子もなくして
きちゃうし
も～～～～
ガミ
それと
どうしてくつ下を
脱いじゃうのよ
これ
いつのだ？
いっぺんに
いわれても
わかんないよっ
しらないうちに
どっか
いっちゃったんだよ
連絡帳も帽子も
勝手にどっか
いっちゃうわけ
ないでしょう
きちんと
探して 持って
帰ってきなさい
ばん
ばん
ふんっ
さがしたけど
ないんだもん
見つかるまで
探しなさい
まったくもう
何回いったら
わかるのよ！

12
13
集金
20
21
22
27
28
29
!?
あっ
明日 集金日じゃん
集金の袋 先生から もらってきた？
ホラ このくらいの 茶封筒なんだけど
しらない——？
なにそれ
ランドセルに 入ってない
今日 絶対 配られているはずだもん
リュウ太 忘れてきたでしょう
ちがう ぼくだけに くれなかった
ぶちん
んなわけ ないでしょ～
心がきれる音
先生からの お手紙や 学校のお知らせは 全部持って帰って きなさい！
次の日 学校に ついていくと
あれ～
机の中に あったよ！
あったよ！
あれ～
おとしもの入れ
PTA

よかったー
あ――も～～～
疲れる子
家にかえる
1-2
じゃーねー
こんなことがしょっちゅう
保育園と違って持ち物は自己管理だし
なれてないから最初はしかたがないと大目に見ていたけど
なくしてくる物が多すぎて正直 頭が痛いです
これや
あれや
え～～～
こちらはほんの一部です～
おんがく1
さんすう 1上
1-2 リュウ太

近所のママ
男の子はそんなもんじゃないの
名前も書いてあるのにもどってこないよね
うちもあるよ
まったく今の子はさ物を大切にしないからなくしてもわからないのよ
すぐ新しい物買ってもらえると思ってたりして…
でもリュウ太の場合興味のない物に関心がなさすぎるような気がする…
気にいっているオモチャは見つかるまで探すのにな…
ぶおんぶおん
ぶおおおおおん
おーーん
むく
新たな不安…
むく
どうしてできないの
ああしなさい
こうしなさい
この子をしっかり育てなくてはとテンパって
ガミガミいい続けたのでした

5 友達とのケンカ
それでも毎日 元気よく学校へ行くので安心していました
いってきま——す
いってらっしゃい
プルルルル
そんな矢先のこと
リュウ太くんの担任の小田です
今日の体育の時間に隣のクラスの子とリュウ太くんがケンカになって…
やっぱ キタし‼

原因は
隣のクラスの
男の子が
リュウ太くんを
からかったこと
なんですが
ワー
ワー
言い争って
いるうちに
お互い手が出て
相手の子の顔面に
リュウ太くんの
拳がヒットして
しまいまして
なにやってんのよおお――
相手の子は
大ケガはしていないの
ですが
殴られたことで
精神的なショックが
あってですね
その子の親御さんに
謝ってもらえますか
は…はい
わかりました
ごめんなさい
ガチャ…
あのバカ
メラ
メラ
リュウ太め――

いや…
でも
ちょっと
まてよ…
それって
一対一の
男同士のケンカ
だよね…
もちろん
暴力はいけない
けれど
フェアな勝負
なんじゃないの?
ケンカって
勝ったほうが
謝らなきゃ
いけないんだっけ?
新しい
平成の
ルールですか?
喧嘩《けんか》両成敗じゃ
ないの

やはり顔面にやっちゃった
リュウ太が悪いんだろうか…
さっさと歩け
だってむこうが先に～
そんな割り切れない気持ちをいだきながら謝罪に向かいました
本当に申し訳ありません
十分注意させます
もうこんなことがないように乱暴に育てないでくださいね

――…
は…はい…すいませんでした
『乱暴に育てないでくださいね』――か…
もちろんそのように育ててはないんだけど
自分と同じ母親からいわれたのがとてもショックで…

あの親は平気で暴力をゆるしているんじゃないか
しつけがなってないんじゃないか
ダメな親なんじゃないか
そういったことをいわれているようで
悔しいような悲しいような…
惨めな気持ちでした
もうお願いだから誰かをぶったり傷つけることはしないで
ケンカはしないって守って!
約束して!

もう
しないよ
言葉とは反対に
リュウ太の顔は
不服そうだった
納得できない
気持ち
わかるけど
やっぱり
暴力は
いけないん
だからね
ねえ
聞いてるの
――…
こんなことが
あるたびに
「もうやらない」という
リュウ太の言葉を
信じたいと思いました

危険注意報

スッキリ作戦

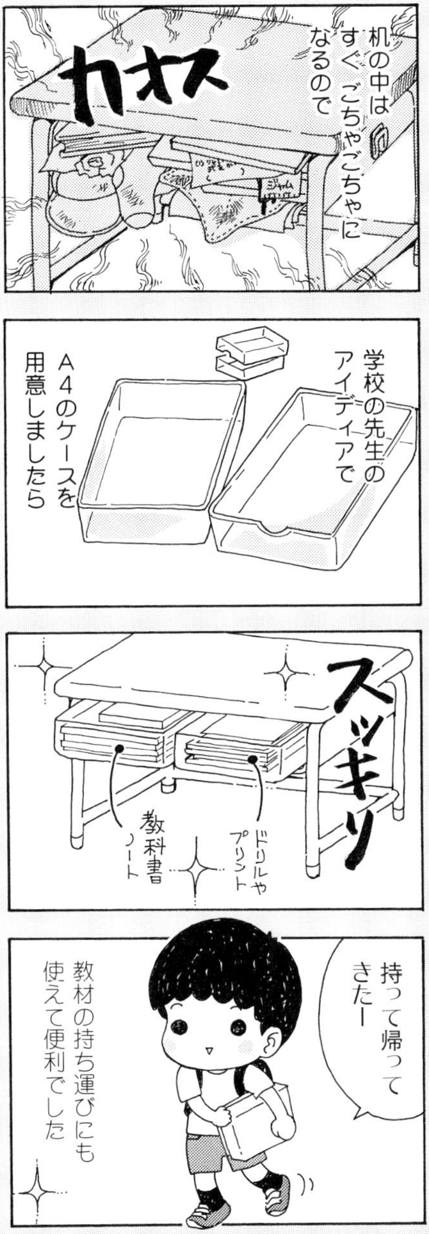

6 リュウ太の特別スペース

ニャポニカ学習ノート
何度目かの授業参観でリュウ太の学校での様子を知りました
うわ…
汚《きたな》〜〜〜
なんすかコレ ゴミだらけ
ゴミじゃないよ
わけのわからないものたち
生理的に受けつけられないちらかりようだわ
よせ集めたところが鳥の巣みたい

これから
授業参観なのに
はずかしいじゃ
ないの
ゾウキンも
汚すぎっ
これで
ふいたら
床が汚れる
なんで整頓
しないのよ
先生は
汚いぐらいで
注意してくれ
ないのかな？
10がくり上がって
それに
みんなは
席替えをしても
リュウ太の
机の位置は
いつも先生の
真ん前
なぜ
うちの子だけ
いつも同じ席
なんだろう？
授業参観の
あとのこと
リュウ太くんの
お母さん
1-2
さっさと帰ろうとしたのに
ちょっと
お話ししても
いいですか
きたよ
小学生に
なっても
きたよ!!

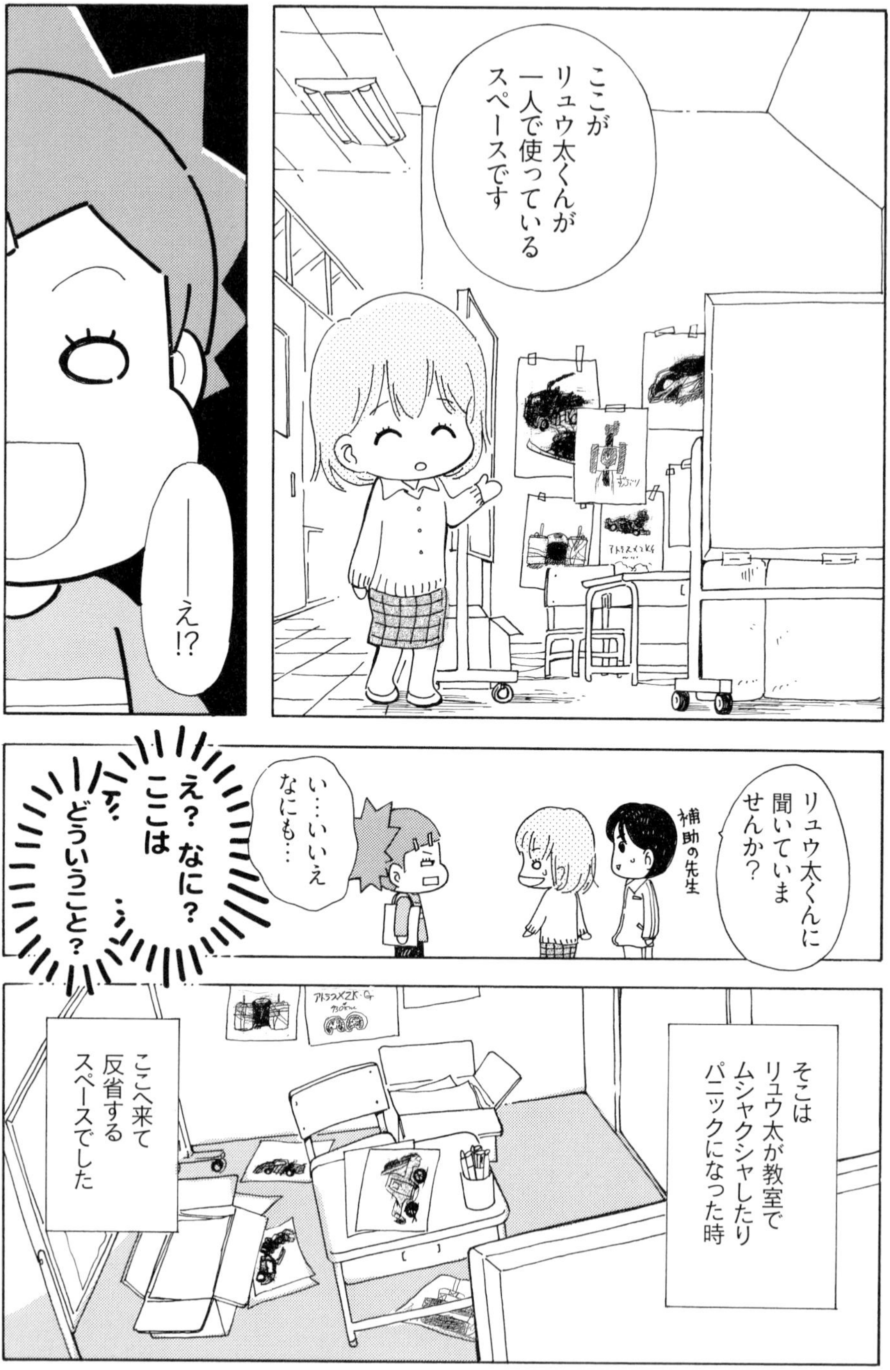
ここがリュウ太くんが一人で使っているスペースです
――え!?
リュウ太くんに聞いていませんか?
補助の先生
い…いいえなにも…
え? なに? ここはどういうこと?
そこはリュウ太が教室でムシャクシャしたりパニックになった時
ここへ来て反省するスペースでした

ここでは
好きな絵を
描いたりして
落ちついて
過ごすことを
目的としてます
?
・・・・
ま っ白
言葉が
出ない
リュウ太くんだけの
場所なので
他の子が入るのは
禁止しています
1～2時間
頭を冷やして
落ちつくと自分から
教室に戻ってきて
授業に参加してます
え～と…
あの～…
突然
そんなこと
いわれても…
状況が
のみこめない
どうして このような
場所が必要なのか
わからないんですが…

ちょっとした
つまずきでも
リュウ太くんの
情緒が乱れて
しまうので
一人になる
場所が必要
なんです
えっ…
それは
どういう
ことですか
その～…
いろいろありまして
観察した
あさがおを
描きましょう
はーーい
ぼくの
色エンピツが
ない
色が
ぬれない
もう
描けない
くしゃっ
体育では
うまく
できない
もう
やだ
ダッ
リュウ太くん
やらない
ゴロゴロ
給食では
うまく
とれない
ツルッ
ぽてっ
ちゃんと
やってよ

ムキーー
リュウ太くんは一生懸命やっているのですが
うまくいかないとテンションが乱れてしまうんです
そして教室を出て廊下でゴロゴロしたりすることが多かったんです
ほっといて
学校でそんなことしてたんだ
ガーン
ケンカ以外は問題なく
毎日 元気に学校へ向かっていたからわからなかった…
いってきまーす
学校生活でリュウ太くんが苦しくないように作ったスペースなんです
ご理解ください
そのスペースの存在を受け入れるのには 時間がかかりました
嫌なことがあったらすぐ逃げちゃう子になってしまうんじゃないか

そこにいる時間が
増えたら
勉強がわからなく
なっちゃうんじゃ
ないかな
なにより
そこに逃げるという
行動が　みんなの目に
変に映るんじゃ
ないかと
考えてしまって…
しばらく
ショックで
マイナス思考に
なっていました
もう
考えたくないなー
しかし
リュウ太本人は
あの場所
大スキ！
絵を描いてて
いいし
楽しいよ
そう
なの
ジョキ
ジョキ
リュウ太が
スキなら
いいか…
先生も
プロだし
考えあっての
ことだもんね

1年生で勉強もまだとりもどせる範囲だし
気になるけれど学校のことは先生におまかせしよう
うん…プラスに考えよう
そして勉強が遅れないように家で問題集をやらせることにしました
うぇ〜
100円ショップの問題集だけど
全部おわったらオモチャを一つ買ってあげよう
ホント!? ぜったいぜったいオモチャ買ってね
約束ねっ
500円までね
なに買ってもらおう♥
どうしようなにがいいかなー♥
ウカレル前にちゃんとやれ

7 涙の跡
2年生になったリュウ太
ただいま
ドサッ
おかえり
フン
ドス
ドス
また 顔に涙の跡がある
今日 学校で泣いたでしょ
べつに…泣いてないよ
ジャバ
ジャバ
涙の跡ができてるからわかるよ
なにかあったの?
ぐしっ

ぐちぐちぐちぐち
あのね 休み時間にね あーでね こーでね
グチ長っ
週2~3回は家に帰ってきて大グチ大会です
ぐちぐち
ぐちぐち
ぐち
部屋中"負"のオーラ
グチの内容は休み時間中のクラスメイトとのトラブルや
上級生に意地悪なことをいわれるなどで
ぐち
ぐち
聞いてると だんだんイライラしてくる
リュウ太もがまんしないからいけないんだよ
嫌なこといわれても気にしないの
いいかえしたら悪いのはお互いさまでしょ
いやだっ オレ悪くないもん
ケンカになる前にわざと負けちゃいなさいよ
勝ちにこだわる男って女の目から見ると逆にかっこワルー
ムカッ
もういい
コラッ 物にあたるな

たたんである文親の布団にやつあたり
バフ
バフ
納得いかない気持ちを消化できない
ーーー…
人間関係だけはつらい思いや悔しい思いをして自分で学ばないといけないし
しかし ある日
もう…学校に行きたくない
…なぬっ!?

ブランコで遊んでると
4年生が3人で
にらんできて
意地悪いうんだ
こわい…
なんて
いわれるの
「あっち行けよ
てめー」とか
「そこ
どかないと
殴るぞ」とか
いわれた
うわっ
今の子って
怖っ
たぶん それ
脅してリュウ太をからかってるだけだよ
3人で一緒じゃなきゃ
なにもできない
弱虫の集まり
なんだから
ムシしときなさい
でも
怖いから
お母さんから
先生にいってよ
それか
お母さん
学校に
ついてきて
休み時間も
学校にいてよ
え…
ええ～

リュウ太の気持ちを受けとめねばと思えば思うほど
なんだか私まで暗い気持ちに引っぱられて
どよ〜〜ん
ツライ毎日でした
ダメだ やる気が出ない
そして
今日はこんなこといわれた
あーでこーでこうなってそんでオレだけがモンクいわれて
……
もう聞きたくない

リュウ太の話
悪い報告
ばっかりなんだもん
お母さんも
ツライ
グチをいう前に
どうやったら
みんなと仲よく
できるか
自分でも
考えなさいよっ
友達とのことは
自分で解決
しなくちゃダメ
もっと
男として
心を強く
しなさいよ
――…
――わかった…
もういいや
お母さんには
いわない

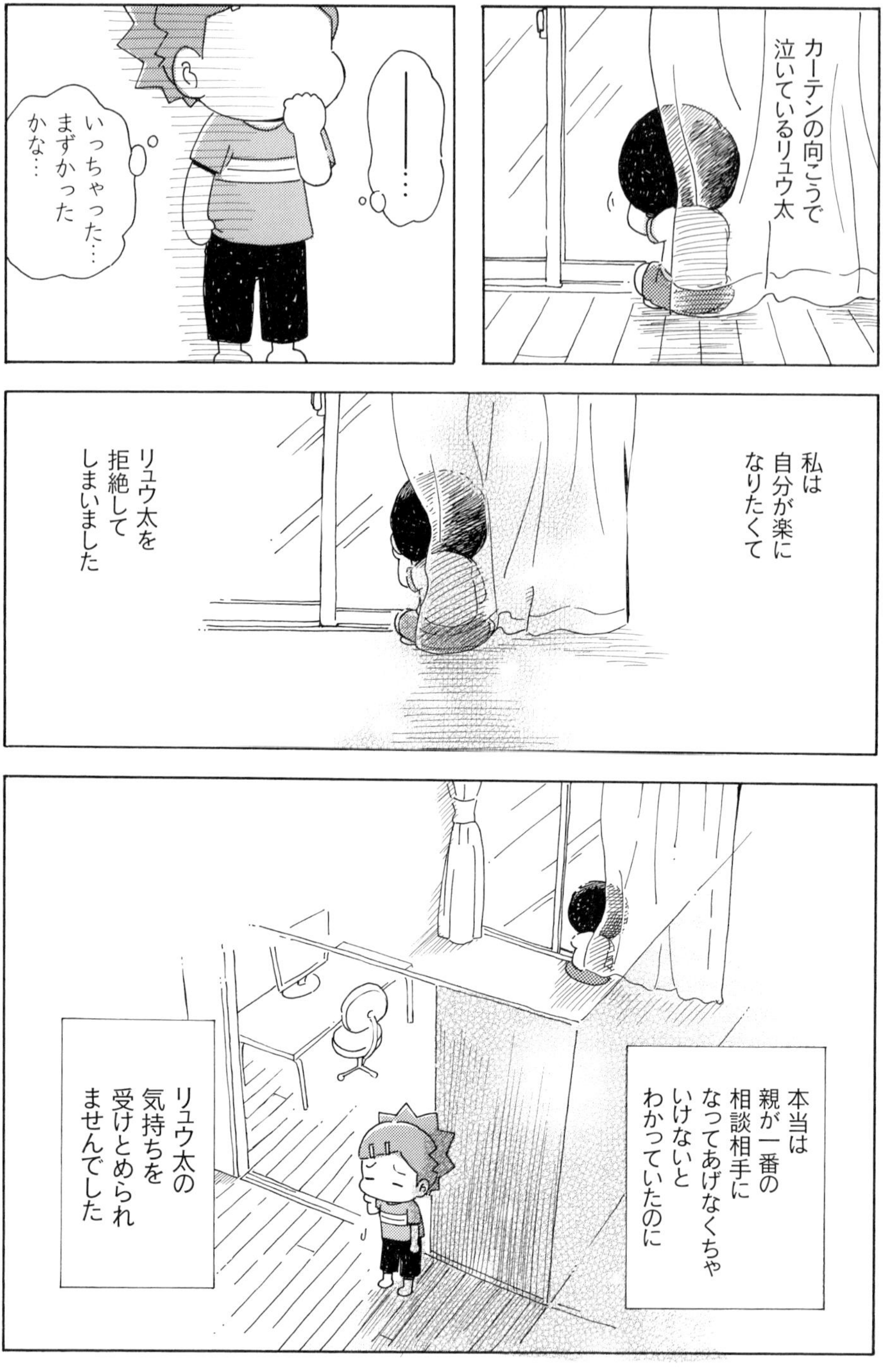
カーテンの向こうで泣いているリュウ太
――…
いっちゃった…まずかったかな…
私は自分が楽になりたくて
リュウ太を拒絶してしまいました
本当は親が一番の相談相手になってあげなくちゃいけないとわかっていたのに
リュウ太の気持ちを受けとめられませんでした

好きと苦手

先生のそばがいい
他の席は落ちつかない
ここはぼくの場所じゃない
移動教室も落ちつかない
音楽教室は机がないからヤダ…
ああ…もう教室にもどりたい
決まった場所以外は苦手だとわかった
家の中ではトイレがスキ
ドンッ
ドンッ
早く出ろー

理由がある

今日はこれかいた
おおスゴイ力作じゃん
2年生からはリュウ太の個人スペースはなくなった
たまに授業中脱出する
今は教室で絵を描いて落ちついている
創作中は教室中のうるさい音を気にせずにいられるようです
ザワ
ザワ
ガタン
ゴトッ
みんなの声とかいろんな音が響いてきてダメなんだ
わかる! 私も昔そうだった
人ごみダメだし
へー
そういう人がいるって初めて知りました
にゃんこの姉→

8 ほっとする時間

心配ばかり かける リュウ太だけど
むにゅ
私を おもしろがらせたり 感心させてくれる ことも いっぱいあります
自分をオレと いうのに 実は かわいいモノに 弱い
ファンシーショップ
NEW
かわいい―― 買って くれー
まんじゅうちゃん
ぶっ 男のくせに
ちょっと―― 先生や 友達には いわないで くれよ いったら もう学校に 行けない
いわないよ
小2になって 先生のお手伝いを よくするように なったリュウ太
ありがとう リュウ太くん 助かりました
いつでも たのんで いいよ!
「ありがとう」の 言葉にも 弱い

お手伝いで
お金ためて
四駆のプラモ
買うぞ!!
ギラ
ギラ
毎日トイレそうじ
がんばるぞ
そして
目標があると
燃える男です
おぉー
家でのお手伝いは
1回50円
ホコリも
ちゃんと
とったよ
ありがとう
キレイに
なってる
うれしーわ
おそうじマニュアル
①ゆかをふく
②べんきをふく
③とりのこした
ホコリをとる
④スリッパを
そろえる
チェック
休日
プラモデルを
ゲット
一人で作るの
難しいから
お父さんに
手伝って
もらったら
だいじょうぶ
好きなことには
すごい集中力を
発揮
真剣

ブツブツ
④左右のガラスを パチンとおくまではめこんで取りつけ。かたくおくまで入りづらいばあいはドライバーの先などを利用してはめこんでください。
⑤左右のそく面をはめこんでください。向きに注意してッ
をニッパーで取りはずしてください。こまかいところはピンセットでつまんでおしこんでください。etc
ブツブツ
普段落ちつきのない子が集中している…
教科書はつっかえながら読むのにプラモの説明書はスラスラ読めるのね…
完成
ボンドのはみだしがところどころにある↓
あらわりといいでき
最後にステッカーを貼るのが一番楽しい
Cestnoi
ピンセット使って貼るあたりがこだわっているわね
それに友達づきあいの楽しさもわかってきたみたい
ちょっと谷口と遊んでくる
いってらっしゃい
ばたばた
友達とプラモをみせっこする
あらもう帰ったの
どたどたどた
え——
ぐちゃぐちゃ
きちんと作れたのにナゼ落書きしちゃうの⁉
Cestnoi

オレの
四駆だったらもっとドロ汚れとかつけるとかっこいいけど
谷口がさそういってたから汚れつけてるの
谷公園
あいつはさオレよりスゲーんだよ
リアルな汚れつけててかっこいいんだよ
友達とケンカばかりしていたのに
友達をほめるようになった
友達を尊敬できるのはすばらしい!
パチ
パチ
そんけー?

同じ趣味を持つ子がクラスにいたことでリュウ太の心も動いていったようです

絵を描くのも
大スキで
しょっちゅう
創作しています
また 人の画材を
勝手に使ってる…
正座
じゃん
できた
?!
FR
リアデフ
LSD
プロペラシャフト
シャーシ部
ん…?
なんの絵かな
車の部品だよ
これがV6
エンジンで
こっちが
シャーシで
こっちはギア
部品をかいて
おもしろいのかしら
これは
プロペラシャフトね
FRのリアデフ
LSDなの
わかった!
マニアック
すぎて
さっぱり
わかりません
へー
そう じゃあ
上手に
描けたから
額に入れよう
やる気を
出させるために
額に入れてみました
それは
ダメ
まだ描き足すかも
しれないから

え…そうなの
十分ごちゃごちゃした絵なのにどこを足すのか?
額に入れるのはこっちにして!
――…
どう
ダートレースで後続車が次々に巻きこまれて大クラッシュになってる絵
なるほどきちんとストーリーがあるのね
細かいこだわりがおもしろいリュウ太です
絵がスキなところはお母さん似で
車がスキなところはお父さんに似たのかな
そうかもね
リュウ太のマイナス面ばかり気になって
いいところを見てあげるのを忘れていました反省です

9 とうとう大きなケガ

小さい頃から
そそっかしくて
ケガはしょっちゅう
でした
ゴッ
救急車に
お世話になることも
数回ありました
ゴツン

だから
ケガをしないように
朝はこまごま
注意をしました
高いところには
登らないでね！
階段はすべって
おりないこと！
よくやる
それと
お友達とケンカに
なりそうに
なったら
手を出す前に
友達から
離れるんだよ
それから
アレと コレと
ハイハイ
わかってるよ
いってきます
ある日のこと
ハア
ハア
ピーポー
ピーポー
ピーポー

リュウ太が
大ケガをしたと
学校から
連絡が入り
川沿小学校
かけつけると
ハア
ハア
くうううう…
左手が
血だらけでした
朝ごはんを毎日
きちんと食べよう
ビタミン
ミネラル
カルシウム
脳
骨
リュウ太くんの
お母さん
左手の指を
戸にはさんで
しまったんです
ハア
ハア
手のケガ
だったのね
っっ

お母さん なにホッとしているんですか これは大ケガなんですよ
あ…はい…
べつにホッとしているわけでは——…
これまでリュウ太のケガをさんざん見てきて
ピーポー
ピーポー
いつか命に関わる大ケガをするんじゃないかと思っていたので
出血には驚いたけど意識がハッキリしているリュウ太を見てどこかでホッとしてしまったのかもしれません
川沿山病院
ケガの原因は
友達とケンカになってぼく逃げたんだけど追いかけられて…
いそいで逃げたら戸に指はさんじゃったの
うっ
うっ
いや——

ぼくの指 変な色… 指なくなっちゃうの?
今 病院の 先生が どうするか 決めているから もう少し まっててね
指のケガは 皮一枚残して つながっている 状態でした
ケンカに なったら その場から 離れなさいって 逃げることを 教えたから
こんなことに なっちゃったの かも…
リュウ太 大丈夫か
お父さん
よしよし 痛いだろう お父さんが ついててやる
どけ
もう少し がまんしろよ リュウ太は 男だもんな こんなケガ 平気だよな

子どものことは
いつも私に
押しつけて
かわれる
もんなら
かわって
やるのに
リュウ太のこと
かわいがってくれて
いないと
思っていたけど…
お父さん…
ちゃんと
リュウ太のこと
心配している…
それも
私以上に…
なんか
意外だな―…
手術中
夜の病院で
あのね
痛々しい
リュウ太を見て
最初は 私もオロオロ
したんだけど

だんだん
こういうケガに
平気にならなきゃ
冷静でいなきゃって
思ってきてさ
指の1本や2本
なくなっても
死ぬわけじゃないし
しようがないかって…
え――
母親のくせに
なにいって
んの!?　って顔
指がなかったら
それなりに
一生不便になると
思うんだけど
なくなった指を見て
「ケンカはやめよう」
「ケガに気をつけよう」って
思えるんじゃないかって
気がしてさ
う―ん
そうかなー
それとね
ケガをしたのが
リュウ太で
よかったなって
思ってる
え～～～

リュウ太のせいで他の子がケガをするより百倍マシだもん
友達とのケンカで加害者になるより被害者でいたほうがいいと思わない？
それはそうかもしれねーなー…
指がくっついてよかったなお医者さんに感謝しろよ
1週間入院かー…救急車に乗るのはこれで最後にしてよ
ずっとおかーさんが食べさせて
もー右手は使えるじゃん

⑩ 児童教育相談所へ

退院後
しばらく周りからケガへの同情でいたわられて気分よく過ごしていたリュウ太でした
もってあげる
ありがとー
私は
大きくなったら車のレースをやりたいっていってるけど…
サーキットの王
そそっかしいまま大人になっちゃうと困るな
リュウ太の行く末が不安になってきていました
うめー
川沿小学校
2-3

先生との面談
今回のケガのこともありますしリュウ太くんの行動で悩みがありましたら
一度児童教育相談所に相談してみたらいかがでしょう
え…児童教育相談所!?
――っとそこはどんなところなんでしょう
子育ての悩みを聞いてくれる機関なんですよ
リュウ太くん自身の悩みも聞いてくれますし
お母さんが私たち教師にいえないことなんかも聞いてくれますよ
リュウ太くんと一緒に行かれてみてはどうですか?
そういうところなんですか
――でもいったいどんな話をしたらいいんだろう?
私の「悩み」ねぇ…
人にいうほどのことなんだろうか…
どんなところか興味はあるな…ちょっと行ってみようかな

児童教育相談所
2ヵ月前に予約しました かなしろです はじめまして
こんにちは どうぞ かけて おまちください
受付
じゃあ またね
さよならー
中学生も きてるんだ
こんにちは！ リュウ太くんの 担当をします 小山内です
一条です よろしく

こんにちは
かなしろです よろしく お願いします
ゆとりの へや
リュウ太くん こっちのお部屋に どうぞ
わーー ここ オモチャが いっぱいある
人生色々ゲーム
ささささ〜
リュウ太くん ここで一緒に 遊ぼうね
うはーー もう売っていない 丸ノ内線の 車両だ〜〜 ラッキー
お母さんは こっちの部屋 で お話を聞かせ てください
あ… はい
話は親だけで いいんだ…
ここでは 具体的に 心の病気を なおしたりするわけ ではありません
はー
リュウ太くんの 好きな遊びを しながら 自信をつけてゆく ためのルームです

自信をつける!?
児童教育相談所はリュウ太の「どうせオレなんか…」「学校に行きたくない」などの卑屈な気持ちや不安感を
「これでいいんだ!」「このぼくでいいんだ!」という前向きな気持ちにさせてくれる場所でした
自信をつける
これはこうするの
高学年や中学生になると我々相談員と悩みの相談をしたり
時には雑談をします
小山内先生はリュウ太のやりたいことを優先してくれるうえに遊びのルールも選ばせてくれて認めてくれるのでした
ではリュウ太くんの日頃の様子を教えてください
家ではとても甘えん坊で穏やかにしている時もあるのですが
うんうん そうですか

学校では友達とのトラブルが多くて帰ってくるとまっ先に私にグチるから
私もだんだん聞いてて疲れてくるんですよねー
うん
うん
毎日はキツイですね
――でケンカに勝つと謝らなくっちゃいけないし
私たちの時代と違ってお互い様ルールが通用しないんだな～って…
まあ…
そんなことは先生にはいえませんでしたけど
はっ
つい私事をベラベラしゃべっちゃったし
家の恥をなんか はずかし――
「なに話せばいーのよ?」と思ってたのに
めちゃめちゃ出しまくり
あっという間の1時間でした
小山内先生どうだった?
やさしい?
うん!やさしかった
電車のオモチャでずーっと遊んでた
またきたい?
うん!

リュウ太が
楽しんでくれて
よかった
私の悩みなんか
しゃべったら
「それはお母さんが
悪い！」って
否定されるんじゃ
ないかって
思ってたけど
まったく
違ったなー…
今まで
誰にも
いえなかったこと
しゃべったら
なんだか
スッキリした
聞いてくれる人が
いるって
いいもんだね
また
5時間目
早退して
こようね
うん！
児童教育相談所に
月に2回通うことに
なりました

11 リュウ太の胃痛とこころクリニック
リュウ太は3年生になり担任の先生との面談で
リュウ太くんは少し幼いですね
——といわれました
それは体つきとかじゃなくて精神的な発達という意味ですか?
3-3
そうです同じ学年の男の子と比べると少し…
確かにリュウ太は3年生になってもかなり甘えん坊で
だっこして
積極的に要求
えっあんたいくつよ
がまんもうまくできない
塾なんて行きたくねー
やだやだやだやだ
やだ——
うるさい早く行ってこ——い

それって心の発達が遅れてるってことなんだろうか…
「幼い」という先生の言葉がずっとひっかかっていました
2年生の2学期から児童教育相談所に通いはじめて
1年がたちました
どうですか最近のリュウ太くんは
あいかわらず授業中に廊下に出ていっちゃったりしてると 先生から聞いています
カキカキ
先生のカラーペンつかいまくり
たまーに 私が教室を見に行くと授業中に絵を描いていたり本を読んでいたり自由にしてます

もー まったく 黒板を 見てなくって
わははは
笑って話せる ようになって いました
リュウ太くんには 45分間じっと座って いるのは つらいのかもしれませんね
クラス全員の子が 1時間目から 5時間目まで 集中して勉強している わけではありません
大人だって何時間も 座っているのは つらいですよね
まあ そうですね 好きじゃないことは 集中できないかも
私も わりと 座っていられない 子でした
リュウ太くんには 頻繁に ガス抜きが 必要なのかも しれませんね
きちーん
限界
ドカーン
昔の教育のように 無理やり 「きちんと座ってなさい」 と強制するのは 逆効果だったり するんです
集中して勉強を できる子もいれば できない子もいます 学校の先生は その辺 わかっているで しょうし
教室にいて 席に座っている だけでも よしとして ほめてあげま しょう
平成の学校って そういう もんなんですか… 昭和の人間には 理解できませんが ほめてみます

他になにかご心配なことはありますか？
たまに上級生とトラブルになった日なんかに
お腹が痛いといって胃のあたりをおさえてるんですよ
「胃」ですか!?
はい たぶん胃が痛いんだろうな…と思って
胃薬を飲ませようとしたら子ども用の胃薬って売ってなくて困っていました
精神的なことが原因だとすると胃薬を飲んだとしても意味ないかなーって思ったりして…
それはリュウ太くんつらいでしょうね
一度お医者さんに診てもらったらどうでしょう

心からきている痛みなのかどうかわかりますし
心の病気だとすると小児の心療内科になるんでしょうか?
近くにいい病院がありますよ
ちょっとまっててくださいね連絡先を調べてきます
すいません
胃の痛みが解決できるかな
ガチャ
これが心療内科のアドレスです
ナビ
子どもの心の発達臨床研究所
こころ クリニック
×××-×××-××××
〒×××-××××
×丁目
!?
予約制みたいなので気になるようでしたら早めに連絡してください
助かります

子どもの心の発達臨床研究所
「発達」
臨む？
床？
ここって心療内科なのかな？
胃の痛みが気になっただけなんだけど…
紹介していただいたのにしばらく連絡するのをためらっていました
今日はお腹痛い？
今は平気
お母さんテニスやろう
最近体の調子はよさそうもう大丈夫なのかな
ポ
でももしかしたら胃の痛みと発達がなにか関係があるのかも
「幼い」もひっかかるし

リュウ太は
心の発達が
遅れているのかも
しれないし
ポ――ン
きちんと
診てもらったほうが
いいかな
このまま
臭いものに蓋《ふた》をする
ように逃げても
ダメだよね
強く
やり
すぎ
ごめ―――ん
ハッキリ
させよう!
あの――
予約を
したいの
ですが
11月
なんか うちの子
普通じゃない!? と
思いはじめて数年
ようやく重い腰を
あげたのでした

母もバクハツ

体罰は
よくないと
いいますが…
んもーー
あんたって子は
ぶたずには
いられない時が
あります
パーン
まごの手
あと3回
注意しても
守らないようなら
ぶつから!
すでに
数回注意して
うらぎられている
は…
はい
これで
いうことを聞けば
苦労はありません

母も子もツライ

なにがいけないのか
説明すると
フン
ご…
ごめんなさい
やっと
わかったか
うー
うー…
ぼくが
悪いね
グスン
グスン
リュウ太が
かわいいから
怒ったんだけど
本当は
ぶつことは
よくないね…
お母さんも
悪いね
たたいて
ごめんね
痛かった
よね
ぼくが
悪いから
お母さんは
悪くないから
ううん お母さん
ひどかった
わーん
わーん

12 親のしつけのせいじゃない

こころクリニック
クリニックに予約を入れて半年後
やっと検診日がやってきた!
クリニックから前もって普段の子どもの様子を表すチェック表をもらっていたので
学校の担任の先生にも協力していただき持参しました
乳児期から現在までの様子にあてはまるものにチェックします
保護者用 記入日 年 月 日 児童氏名
保護者氏名
出産時の様子
普通分娩 妊娠期間
帝王切開 ( )週
出産時体重( )g
出産時身長( )cm
幼児健診について
学校の先生用
おい リュウ太 お医者さまに ちゃんとごあいさつしろよ
ギイ
診療中
うん
ここは なんの病院なの?

ドキ
えっ
え〜と〜
ここは子ども専門の病院だよ
ほら前にお腹が痛いっていってたから診てもらおうね
ふーん
そうだよね気になるよね
小声
いまの説明でよかったのかな？
いいんじゃないか
初診のかなしろです
わ〜絵本がいっぱい
うち以外にもいろんな年の子どもがきてる
ちゃんとお父さんもついてきている

どんな診察するんだろう
内科みたいに
子どものカゼはお母さんが気をつけてあげないとダメ
ずずっ
親が医者に怒られたりするんだろうか?
かなしろさんこちらの部屋にお入りください
どうぞお座りください
児童精神科医 小林先生
心理士 山内先生
診察室っぽくない
ざかざか
オモチャがいっぱいだ!
どのオモチャが好きかな? 遊んでいいよ
戸棚の中もいろいろ入ってるよ
ゲーム

普通の病院と違って医療器具もないし
おうちのリビングみたい
医師との面談はソファーに座って
チェック表を拝見しました
リュウ太くんが生まれた時のことからもう一度 お話を聞かせてくださいね
はい
リラックスしながら話しました
ではリュウ太くんと少しお話をさせてください
リュウ太
どばー
うわ 全部ひろげちゃってるよ
オモチャの遊び方や面談での態度なんかも診察の一つなのかな?
これ片づけるの大変そう…
リュウ太くん学校は楽しい?
ポリポリ
ポリポリ
もじもじ
そわそわ
うん…ま…まあ楽しいです

好きな勉強の科目はなんですか
面談中リュウ太がじっとしていないので私はなんらかの症状名がつくんじゃないかと思いました
えーとー
そわ
算数ですねー
そわ
1時間半ゆっくり面談をして診ていただきました
え——結果ですが
リュウ太くんは多動性と衝動性がみられます
ADHDの特徴の一部がありますね
ADHD…

前に読んだ育児書に書いてあった
いやいや
いやいや〜〜やば〜〜い
あの症状名か…
落ちつきがなかったりキレやすかったりそそっかしくてケガをしやすかったり
ADHDの子の特徴ではあります
よく親のしつけが足りないからだ親のせいなんだと気になさいますが
うちの子が手のかかる子に育ったのは私のせい
ばたばた
どどどど
しつけのせいじゃないんですよ
先生からそう聞いた瞬間
私はなぜか「ほっ」としてしまいました

なんだろう…ショックじゃなくて逆に気が抜けたようなこの気持ちは？
お母さんやお父さんのせいじゃないんですよ
こういう特徴を持つ子はだいたい元気で大変なのよ
そっか――
そうなんだ…

生まれつき
そういうこと
しちゃう
タイプの子な
だけだったんだ
だから
いくら注意しても
ダメだったんだ

初めて自分の子育てを責められず
ぐすっ
私とリュウ太を認めてもらった気がしました
す〜っと肩の力が抜けて
涙が出てきました
まだはっきりとADHDの特徴があるとは判断できませんので今後5回に分けて遊びながら楽しくいくつかの検査を受けてみましょうか
え…もうおわり
まだあそんでるんだけど
もっとリュウ太くんとお話もしてみないとねまたいらしてください
はいよろしくお願いします
リュウ太くん来週またきてね！
今度は先生とパソコンで簡単なゲームをするよ
うんわかった
ありがとうございました

なーんだ なーーんだ
もっと早く クリニックに くればよかった
ぼくの お腹は ぽんぽんして みないんだね
くよくよ 悩んでて バカだったな
またパーキングタワーで あそべるぜー
ま…いっか 来週も学校 休めるな
なにをしに 行ったのか さほど気にして ないらしくて よかった…
お父さん なに 落ち込んでるの
いや… 自分の息子に 症状名が つくなんて 思ってなかった からさ…
ふーーん
息子のことが わかっていなかった 証拠だな
ハッ

わかっていなかったのは私かもしれない!!
担任の先生との面談がうちだけやたらと長かったり面談の回数が多かったり
リュウ太くんのご報告がありますのでまたお話が…
2-3
保育園の時わざわざ先生がのぞき穴を作ってくれたり
リュウ太くんがまたオモチャをなげて…
先生たちは私に気づかせるために一生懸命努力してくれていたんだ!
なのに今まで親の私がさっぱりわかっていなかった…
なんて鈍感な女だったんだろう
先生たちごめんなさい
心から申し訳ない気持ちでいっぱいになりました
ずーーん

鬼ごっこ
ブー ブー
おまえ いっつも 鬼になると ヌケるよな
もう 入れて やんねぇ
いいよ やんねーよ
誰だって鬼は いやなもんだけど
鬼もきちんと やらないと 友達に嫌われるよ
いじ いじ
ふとん
鬼がいや なんじゃ ないよ
オレが鬼 の時に ルール変えるとか いってくるから いやなんだよっ
ルールが わからないん だもん
むずかしいヤツ
急な ルール変更が ゆるせない

予定変更
ひどいよ 今日は 電車で おでかけって いってたのに
予定変更も 納得いかず ぐれる
ブツブツブツ
電車がよかった 新型の有楽町線に 乗りたかったのに どうして車なんかに
ブツブツ
一日中 うるさいよっ そんなに 電車がいいなら 帰りは一人で 電車で帰れば
イラッ
一日中 文句
そして考えた
いいですか おでかけは この 3パターンで 変化するかも
雨=車
晴れ=歩きと電車
母の気分=交通は当日に決定
今日は 車だね!
ルールを 決めて おくと とっても うまくいく

13 父親の抵抗と息子への告知

リュウ太に ADHDの特徴の 一部があると わかり
じゃあ どうすりゃ いいの?
新たな 不安が生まれ ました
子どもの発達に ついての症状って いろいろあるなー
どの特徴も リュウ太に あてはまる ような気がして きちゃったよ
シロート判断
多動性
AD/HD
衝動性
注意欠陥
これからは 勉強して きちんと向き あわなくちゃ
んゴンー
思えば 赤ちゃんの頃から 育てにくい子だった
赤子が ねている間 だけ 仕事を していた
んー
ぴくっ
カタッ
音や気配に 敏感で ペンを 置く音でも 反応する子 だった
あーあ 起きちゃった〜〜

あやしても いつも きげんが悪く のけぞったり うなったり する
んー
んー
のけぞりっ
赤ちゃんて いつも 怒っているもの なのかしら?
家の中に すぐあきるし
ドン
ドン
んーんー
もう今日は お外には 行きません
夜だっ つーの
外遊びは 1日3回
まってー
止まりなさい
ガゴー
ガゴー
ガゴー
この子いつか 事故にあう 気がする…
どこにでも つっ走って 行っちゃうし
子どもって みんな こういうもの なんだと 思っていたら
こらー おうちに 帰るよ まってー
ちゅーりっぷ公園
あっちー
ばた
ばた
かなしろさんち 子育て…すごく 大変そうだね
!?
はなちてー

みんな…
もっと楽なの!?
ただ 元気なだけじゃなかったと知っていれば…
むにゃ～～
日曜日
お父さんもこの本読んで勉強してよ
あっ
ー…
「アレレ?うちの子どうしたのかな?」と思った時に読む本
LD ADHD
発達障害の本ならこの間 クリニックにあったのを少し見たけど
こういう特徴の子はオレらの子どもの頃にもクラスの中に何人かいたと思わないか?

特徴にいちいち症状名をつけることが嫌だな
リュウ太をクリニックに通わせる必要もあるのかな？
生活の中で困っているからクリニックに行くんじゃないの
区別するために症状名をつけるだけなんだよ
「障害」ってつくとつらいけどさー…
胃の悪い人が胃の障害っていわれて胃潰瘍とか名前がつくのと同じじゃないの
そんなにこだわることないと思うんだよね
キュー！
でも…なんか嫌なんだよね
症状として取り上げられるほどのことかな？って思うし
どこからどこまでが障害でどれが障害じゃないっていえるんだろう
それをハッキリさせるために検査を受けるんじゃん

検査を受ける必要もあるのか？
も～～ あぁいえば こういう人ね
このままでもいいんじゃないのか？
お父さんは ほとんど休みの日にしかリュウ太といないからわからないけど
学校の先生からリュウ太のことで電話もあるんだよ
お父さんに話していないトラブルがいっぱいあるんだよ
ガラッ
なに？ケンカしてるの…
ハッ
ううん ケンカじゃないから お父さんと熱く語り合ってるだけ
ケンカっぽく はなすのは やめてよね
ガーン
あいつ 学校で先生を困らせていたのか
小声
なんでだまってるんだよっ
報告したらお父さん リュウ太のこと たたいてでも怒りそうだから

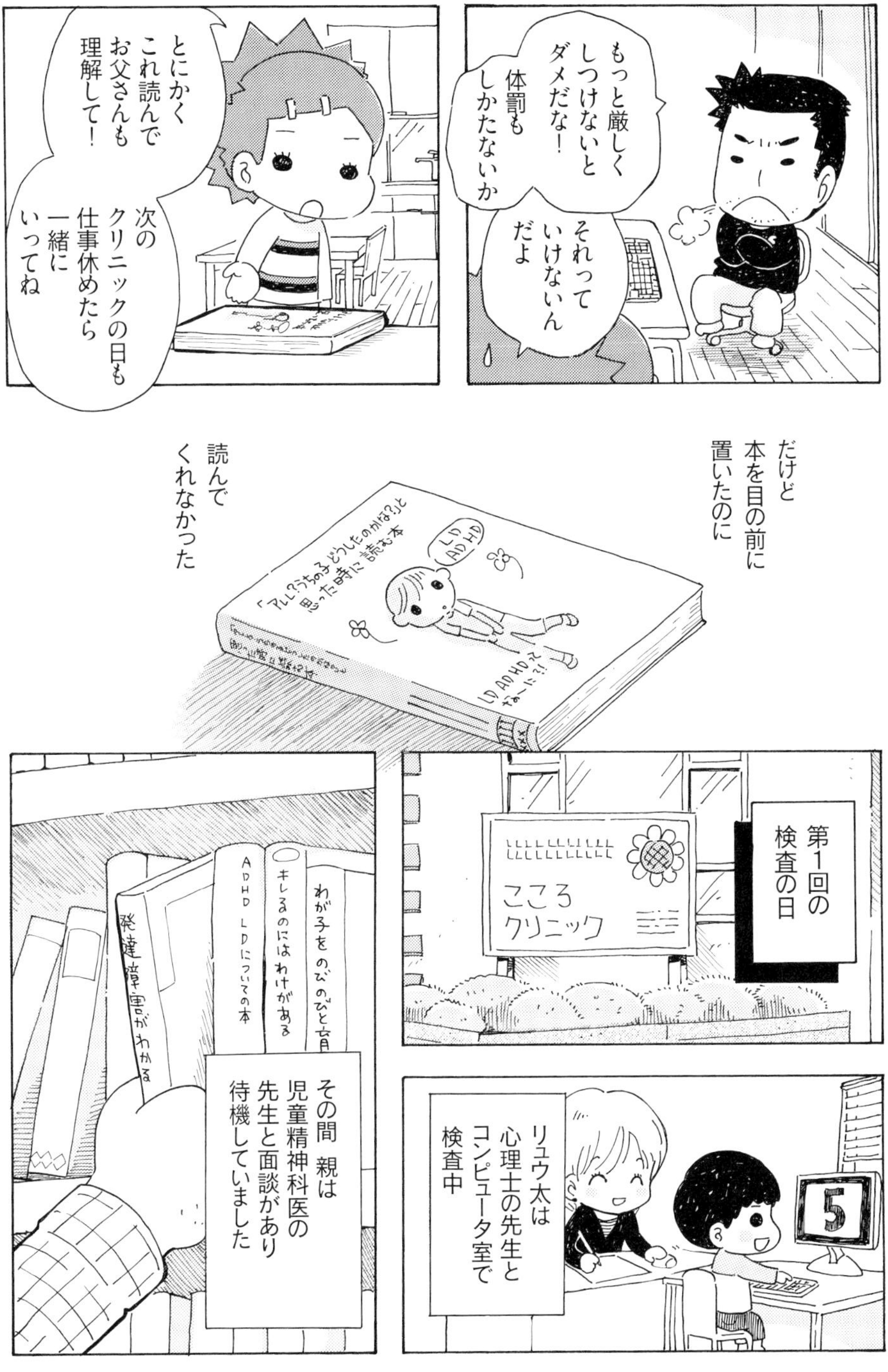

もっと厳しくしつけないとダメだな！体罰もしかたないか
それっていけないいんだよ
とにかくこれ読んでお父さんも理解して！
次のクリニックの日も仕事休めたら一緒にいってね
だけど本を目の前に置いたのに
読んでくれなかった
「アレレ？うちの子どうしたのかな？」と思った時に読む本
LD ADHD
第1回の検査の日
こころクリニック
リュウ太は心理士の先生とコンピュータ室で検査中
5
その間 親は児童精神科医の先生と面談があり待機していました
わが子をのびのびと育
キレるのにはわけがある
ADHD LDについての本
発達障害がわかる

お父さんが発達障害の本を読んでいる
リュウ太のこと理解してくれないと思ってたけれどちゃんと心配しているのかも
ねえ リュウ太にはなんていったらいいかな?
言葉には出さないけどクリニックに通うことを不思議に思っているかもしれない
ADHDだってリュウ太にいうのか!? まだ早くない?
というかいわないほうがいいんじゃないか
そうかなー…そのへんは先生に聞いてみようか
かなしろさんこちらにどうぞ
はい!

告知ですか…
リュウ太くんはまだ3年生ですし話すのは早いと思いますね
高校生くらいになると理屈がわかるのでお薬を処方する時に説明しています
お薬も本人がADHDについて理解したうえで飲んでいるんですよ
リュウ太くんに話をするのはやはり高校の2年生くらいになってからがよろしいかと思いますよ
そうなんですかわかりました
ほら やっぱりうちもそうしたほうがいいかもな
なにか聞かれたら 胃痛でクリニックに通っているといえばいいか
もう痛がってないけど

もうすぐ4年生になりますし担任の先生が変わったり環境に変化が出てきますでしょうし
少しずつ様子を見ていきましょう
ありがとうございました
おまたせしましたこちらも検査終了です
どうだった？
パソコンのゲームをしたおもしろかったよ
じゃあ来週もきてね
うん！またね
その後残り4回の検査も問題なく受けていきました

バランス感覚

ながらガイイ

14 家族みんなでなおしていく

5回目の検査を受けている頃 リュウ太は小4になり
いってきます
学校の先生の協力もあり 毎日 明るく 学校へ通うようになりました
学校でも特別にクラス替えを行ってくれて
ケンカになりそうな元気のいい男の子と別のクラスにしてくださいました
このころ帽子をかぶっているとおちつくブーム
ドスドス
まだまだ授業中に集中できなかったり

団体行動での協調など問題はいろいろありますが
話し合いではさAコースから山を登るって決まったのに急にコースを変えるってのはどうなの!? だったら最初からAコースって決めなきゃいいのに意味がないじゃんまったく
ブツ
ブツ
ブツ
しかたないでしょ
トンカチ山 1560m
物を投げたり暴力をふるったりすることはなくなっていました
今日さ女子とケンカしたヤツが
その子をぶったんだ 女子をぶつのってサイテーだね
あらジェントルマン! 成長したわね
趣味のあう友達も増えて
ばたん
ただいまー 遊んでくる
宿題やってからよ
あとでやる公園に行ってくる
ばたばた
涙の跡をつけて帰ってくることもなくなりました

検査結果日
こころ
クリニック
親だけがクリニックへ行き話を聞くことにしました
知的な発達の水準と認知的な特徴の注意力や衝動統制の様相や
他者の心情理解の様相を把握するための行動チェックリスト5種を施行した結果をご報告します
リュウ太は やはりADHDでした
多動や衝動性はなおらないわけではありません
中には 大人になるにつれて徐々にADHDの特徴がなくなってゆく子もいますから

ゆっくり見守りましょうね
はい
薬による治療法もありますがそれよりもリュウ太くんが毎日楽しく生活できるようになるためにペアレントトレーニングを受けるといいですよ
ペアレントトレーニング？
？
親子のコミュニケーションがうまくいくようになるための対処方法を学ぶトレーニングです
へー
具体的に伝える方法をいろいろなケースで学びます
きちんと学校の支度をしなさい
いつもいうけど「きちんと」ってなんだろう？
？
①れんらくちょうとてがみを出す
②明日の時間わりをそろえる
③えんぴつをけずる
④(月)はうわばきと体いくぎをわすれないように！
学校の支度はこの順番でやろうね
うん わかった
（わかりやすくすると理解が早くなる）

トレーニングはクリニックで行っていますのでADHDのお子さんを理解するためにも参加されるといいですよ
親と子のペアの10グループで行います
そのトレーニングを受けると子どもが変わってゆくんでしょうか？
いいえ
え？
お子さんを変えてゆくわけではありません
お母さんやお父さんの意識が変わってゆくんですよ！
そしてそれによって徐々にお子さんが変わってゆきます
えっ そうなんですか
問題は親にあるってことなのかしら？
？
お互いののしりあっていた親子
自分だって人のこといえねーだろ
ほんということきかない子
険悪な関係だった親子もトレーニングでよくなってゆくのを何人も見てきました！

リュウ太くんは思春期に入る前でまだ素直ですから
トレーニング次第でわりと早く効果が出るかもしれません
へええ――……
リュウ太もこの先少しずつよくなるといいね
トレーニング受けてみようかな!
いいんじゃない 気になるならやったほうがいいと思うよ

トレーニングは10回だってお父さんも一緒に参加してよ
変わるのがあたし一人じゃやっぱりダメだと思うんだよね
ええ…10回もまた仕事休むの
リュウ太は誰の子なの
半分オレの子です
でしょっ
じゃあ仕事を休めたら行くよ
ごめんねムリいってお父さんがどうしても行けない時はしかたないもんね
その時はあたしがあとでトレーニング内容を説明するからさ
悪いないつも仕事で…リュウ太のことあんまり見てやれなくて
おや…。
オレが家にいられない時はすまないけどお母さん頼むね…
この人こんなに素直に謝る人じゃなかったのに変わったわね…

クリニックに
通うことで
リュウ太を中心に
家族が少しずつ
まとまっていく気が
しました
そして
今までは
悪い報告しか
受けなかったので
学校へ行くのが
嫌だった
私ですが
PTAの
委員会役員を
やってみる
ことに
いたしました
ついでに
地域の
補導員にも
挑戦
役員の用事で
学校に行く
回数が増え
ついでに
4年の教室を
のぞきに
行こうっと
いるいる
帽子を
かぶって
いるので
みつけやすい

あっ
お母さん
帰りの会がおわったらPTA会議室においで一緒に帰ろう
ぎゅー
誰にも見えない場所でだきついて充電
いいや 友達と遊ぶ約束があるから先に帰る
じゃーねー
アラ…さびしーー
不安になるとだきつきにやってきますが
PTA かなしろ
さっさと充電して母の懐から去ってゆきます
PTA会議室
あははははは
かなしろさんて意外と話しやすい人だったんだね
あ…そう?
他のママから〝怖い人〟って聞いてたけど違ったね

リュウ太のことでいつも怖い顔してたし
乱暴な子の親は“乱暴で怖い人”というイメージがあったのかな?
参観日の私
そして同じADHDの特徴を持つ子のママとも知り合えました
うちはさー塾に行くと落ちついてプリントできないみたいでね
通信教育に変えちゃった
あははははそりゃそうよーだって集団が苦手なんだからかわいそうに
そっかやっぱりそうよね早く通信にすればよかったよ
金をドブに捨ててたね
通信にしたとたん今までの2倍の速さでプリントが進んでいくの
「悩み」はいつのまにか「悩み」ではなくなっていました
好きなことはやたらと記憶力がいいのよね
うちのは昆虫博士なの細かいことまでよく覚えてるの
うちもうちも車バカ

そして只今
ペアレント
トレーニング中です
ADHDの子向けの「伝え方」や「上手なほめ方」を実践しながら学んでいます
心理士の先生と3人で行っています
ほめ方について育児書にここまで具体的に書いてあるの見たことないな
今まであたしの伝え方が悪かったからいつまでたってもリュウ太は片づけができなかったのかもしれない
←トレーニング表
うまくできるとほめられる回数が増えるとリュウ太くんが自分からほめてあげたくなる行動をとるようになりますよ！
これをリマインダーといいます
トレーニングの成果は 徐々に現れました
種類別に片づけたよ
こっちはまだ遊ぶから出しとくオモチャだから
上手ー♡
うん
トミカー
プロレール
自分でできるようになってきたし自分の意思を相手にうまく伝えられるようにもなってきた！

保育園の頃や
小学校に
入学した頃は
「明日が怖い」
「今日は大丈夫だろうか」と
リュウ太のことで
不安だらけ
だったけれど
今は
闇の中に
一人でいるような
不安はない
なかなか
理解してもらえず
苦しかったのは
私ではなく
リュウ太だ
なかなか
気がついて
あげられなくて
ごめんね

他にも
うまく伝えていなかったことがあります
これからは正直に伝えていこう
お母さんはリュウ太が大スキだよ
いつもリュウ太のこと考えてるよ
ぼくもお母さん大スキだよ
おわり

こころとそだちのクリニック
むすびめ　院長
北海道大学名誉教授　田中 康雄

解 説

ADHDは「生活障害」

～ほんとうの問題とは何か～

8歳のころ

9歳のころ

ＡＤＨＤってなに？

「元気すぎ」って、「ちょっと育てにくく」て、「そそっかしすぎる」リュウ太くんについた診断名、ＡＤＨＤってなんでしょうか。この漫画を読んだみなさんは、すでにＡＤＨＤをもつ子の特徴をだいたい理解されたと思いますが、ここでもうすこし専門的な説明をしておきます。

ＡＤＨＤは、日本語では注意欠如・多動症などと訳されます。アメリカ精神医学会が定めた診断基準（現在は２０１３年にＤＳＭ-５が刊行され、日本でも２０１４年に翻訳出版）に沿って医者が診断するものです。

この新たな診断基準では、これまでは症状の存在が7歳までと規定されていたのが12歳になる前から存在していると改正され、２ヵ所以上の生活場所（例えば自宅と幼稚園、自宅と小学校など）で、少なくも６ヵ月以上にわたり認められ、他の障害の経過中の症状では説明できない、並はずれた不注意（注意が集中できない、忘れてしまう、別のことに集中しすぎて上の空になることもある）、多動性（そわそわ、うろうろともかくじっとしていない、しゃべり始めると止まらない）、衝動性（せっかちで待つことができない、考える前に動いてしまう）の三つの症状があること、その症状により、社会的、学業的、または職業的機能につまずきを認めている状態のことだとされています。

また、ＤＳＭ-５では症状必要項目は不注意９項目中６項目以上、17歳以上の青年成人期では５項目以上、多動性・衝動性も９項目中6項目以上、17歳以上では5項目以上と、加齢によって必要項目が少なくても診断されるようになりました。

さらにこうした状態が、統合失調症、またはその他の精神病的な障害の経過中にのみ起こるものではないこと、また他の精神障害（例えば、気分障害、不安障害、解離性障害、またはパーソナリティ障害）ではうまく説明されないこと、がADHDと診断されるための条件となっています。これまで広汎性発達障害との合併は認められませんでしたが、DSM-5では名称変更された自閉スペクトラム症との併存が認められるようになりました。

DSM-5によれば、ADHDは子どもで約5％、成人で約2・5％認められ、性別では小児期で2対1、成人期で1・6対1と男性に多く認められると言われています。不注意を主症状とするタイプは女子に多いといわれますが、これは女子のADHDはある程度の年齢になってから明らかになるからという説もありますし、男子のほうが徐々に目立たなくなるからかもしれません。

ADHDには、中枢神経系の器質的異常が想定されています。分子遺伝学的研究では、家族内にどの程度集中して認められるかとい

った調査や双生児研究による遺伝的要因の検討も行われています。一方で、胎生期の母親の不安との関係や、妊娠中の喫煙、妊娠中のアルコール摂取との関係が議論されたり、虐待を受けた子どもたちのなかにADHDに似た症状が認められる場合があるといった検討もなされています。

しかし、いまだに、明確な原因にはたどりつけていません。

現時点ではADHDは、神経生物学的障害（なにかしらの脳の機能的障害）でありながら、その症状の形成過程に、心理・社会的な環境要因の関与を無視できないと考えられています。

ADHDに併発する（重なりあう）障害には、①自閉スペクトラム症をはじめ、言語症などのコミュニケーション症群、発達性協調運動症やチック症などの運動症群、限局性学習症といった神経発達症群、②反抗挑発症や素行症といった秩序破壊的・衝動制御・素行

症群、③睡眠リズム障害などの睡眠-覚醒障害群、④夜尿などの排泄症群、⑤心的外傷およびストレス因関連障害群などがあります。

前述したようにDSM-5で神経発達症群のひとつである自閉スペクトラム症との併存が認められたことは、日々の臨床からは非常に合点がいくものです。これまでも実際の臨床ではこの二つが重なっていると思われたり、年齢が低い頃にはADHDと思われながら、成長とともに、自閉スペクトラム症と診断名を変更せざるを得ないケースがあったのです。

最後に、ADHDと子どもの虐待あるいは不適切な養育態度との関連も注目されています。そもそも育てにくく何度言っても行動が改まらないADHDのある子どもに必要以上に厳しく接する場合は、ある意味当然のようにあります。私は、これを虐待と呼ぶべきではなく、一生懸命な親の態度だと考えますが、その一方で本来ADHDの特性をもっていなかった子どもが、虐待を受けたことで以後ADHD的言動を示すことも認められています。

ＡＤＨＤって最近のもの？

では、ＡＤＨＤという症状を示す子どもたちは、最近になって新たに出現したのでしょうか。もちろんそんなことはありません。リュウ太くんのような態度を示す子どもは私たちの子ども時代にもクラスに１人か、学年でも２〜３人はいたはずです。

ここにとても参考になる本があります。みなさんは、現在、講談社文庫として出版されている、黒柳徹子さんの『窓ぎわのトットちゃん』を読んだことはありますか？　実は、ここに登場するトットちゃんの特徴を列挙しますと、ＡＤＨＤと診断された子がもつ特徴にあてはまるものが多いのです。

トットちゃんは小さい頃から「反省」を母の胎内に忘れて来た子と呼ばれていました。幼稚園のときには、ハサミを口の中にいれて、ちょきちょきやっていて「危いから、およしなさい」と注意されても、何回もやってしまうような、人の注意をきかない子でした。飼い犬のロッキーと遊んでいるときに、耳を噛まれてちぎれそうになったというエピソードもあります。

小学校に入学後も、授業中に机のふたを百ぺんくらい開け閉めしたり、窓際に立っていたり、ときに道路に向かって、チンドン屋さんを呼び止める、などの「問題行動」を繰り返していました。また、ツバメの巣に話しかける、ほかの子が描かないような軍艦旗を画用紙からはみ出して描く、毎日のように廊下に立たされていても、「私、立たされているんですけど、どうして？」と別の教師に尋ねる、というありさまでした。
このためトットちゃんは、結局この学校を辞めることになり、次の小学校に行くことになります。トットちゃんはそこで小林校長先生と出会います。
この校長先生は転校時の面接で母親を帰してしまい、トットちゃんと一対一で面接します。「なんでも、先生に話してごらん」と小林先生に促されたトットちゃんは、ここで4時間もおしゃべりしたそうで、ひととおりしゃべり終わってから「じゃ、これで、君は、この学校の生徒だよ」と言われます。
トットちゃんは、「あとにも先にも、トットちゃんの話を、こんなにちゃんと聞いてくれた大人は、いなかった」と記述していますが、私はここでトットちゃんを一人の人間として尊重して向き合った小林先生の態度に頭が下がります。
小林先生と出会う前のトットちゃんは、生活上の困難を抱えていました。彼女は「もともと性格も陽気で、忘れっぽいタチだったから、無邪気に見えた。でも、トットちゃんの中のどこかに、なんとなく、疎外感のような、他の子供と違って、ひとりだけ、ちょっと、冷たい目で見られているようなものを、おぼろげには感じていた。それが、この校長先生といると、安心で、暖かくて、気持ちが

よかった」と述懐しています。

ここには、言葉にはまだ表現しがたい「子どもの生きにくさ」が読み取れます。同時に、心から寄り添うことでそれが解決するという一面を明らかにしてくれています。たしかに小林先生は、トットちゃんを見かけると、いつも「君は、本当は、いい子なんだよ！」と語りかけ続けています。

クラスメイトとの温泉旅行の場面では、トットちゃんは転校後の様子を「それにしても、たった数ヵ月前、授業中に窓からチンドン屋さんと話して、みんなに迷惑をかけていたトットちゃんが、トモエ（註・新しい学校の名前）に来たその日から、ちゃんと、自分の机にすわって勉強するようになったことも、考えてみれば不思議なことだった。ともかく、今、トットちゃんは、前の学校の先生が見たら、『人違いですわ』というくらい、ちゃんと、みんなと一緒に腰かけて、旅行をしていた」と「どうだ！」と言わんばかりの変化を主張しています。

もちろん、私は『窓ぎわのトットちゃん』からトットちゃんがＡＤＨＤであると断言したいわけではありません。しかし、ここに登場するトットちゃんの言動からは、ＡＤＨＤのある子どもたちの生きにくさと、かなり共通する特徴が認められます。というのも、ＡＤＨＤの特徴とは、日常場面では、何度言っても改まらない行動、ということに終始するからです。そして周囲が、特に母親が、その対応に疲労困憊《こんぱい》してしまうのもＡＤＨＤに特徴的なことです。

漫画の内容に即して述べます。リュウ太くんが通う保育園での「これ以上見たくない」と母親に思わせるほどの乱暴ぶりによって、子どもは、「愛情不足、しつけがなっていない子ども」と評価されやすく、その評価が母親の気持ちまでをも傷つけます。

さらに自宅でも「どうしていつもいつもちらかしちゃうのよ」と怒鳴り続けても、結局改まらず、叱《しか》り続けることに母親は罪悪感さえ感じてしまいます。夫に愚痴っても、「おまえが家でリュウ太を甘やかす」から「もっと厳しく育てろよ」と言われてしまいます。一方では愛情が足りない、一方では甘やかしすぎる、と評価され、自分を責めてしまう母親。実はこれがＡＤＨＤのある子どもの母親の日常です。

その一方で、学校を辞めさせられるほどの「問題児」だったトットちゃんは、新しい学校で「とてもすばらしい少女」へと変化しました。私は、彼女が変わるきっかけとなったのが、「理解ある人」の存在だということを忘れてはいけないと思います。もともとトットちゃんはＡＤＨＤの診断がつくような子どもではなかったのだ、と言ってしまえばそれまでですが、もしあのとき最初の小学校を辞めさせてもらえず、毎日毎日６年間も廊下で立たされ続けたとしたら、という可能性もあったはずです。

小林先生がトットちゃんを支えてくれたおかげで、彼女は変わることができました。これは確かなことです。私は、『窓ぎわのトットちゃん』からＡＤＨＤと診断された子どもへの向き合い方を学ぶことができると思っています。この本は、子どもを理解し、寄り添い、支えることといった、大人としての大切な行為を教えてくれているからです。

年齢による
ADHDの
行動特性

ADHDの子にどうやって寄り添ってゆくのか、その方法を解説するまえに、症状にふれておいたほうがよいでしょう。ひとくちにADHDといっても、子どもの年齢、時期によって認められる症状はそれぞれ異なります。ここでは簡単に説明しておきます。

1. 乳児期（0歳〜1歳未満）

気むずかしく、よく泣き、癇癪《かんしゃく》を起こしては抱っこを嫌がることが多く、親は育児に疲れ果て、途方にくれていることが少なくありません。でも、この段階では、親は発達障害を疑うよりも「手のかかる子ども」と理解しています。

2. 幼児前期（1歳〜3歳未満）

歩き始めていますから、多動性が目立ち始めるときでもあります。買い物先で行方不明になったり、交通事故の心配をしたり、親は気が休まるときがありません。情緒的には、がまんがなく、こだわりや我《が》が強く、言葉も遅く上手に気持ちを伝えきれず、対人関係面では一方的な、あるいは乱暴な行動が目立ちます。こんな状況がずっと続くために、親は疲れながらも子どもを叱り続けてしまう時期です。

健診も受けており、なにかしら指摘されることもありますが、特に指摘されない場合もあり、やはりこの段階では、医療機関などに相談しようということにはなりにくいようです。

3．幼児後期（3歳～6歳未満）

保育園・幼稚園という集団生活を経験するため、子どもの特徴が周囲の目にとまります。家で、あるいは親がそばにいるなかで、日々「手がかかるけど、こんなものかな」と思っていたわが子の様子が、他の子どもたちから抜きんでていることにも気づきます。

集団行動は、みんな一緒に行動することが求められます。子どもの示す多動性や衝動性（待てない、せっかちな行動）や、何度注意しても改まらない行動（不注意、集中困難）などは、集団場面では明らかに「困った行動」と見なされます。すこし遅れていた言葉も急激に伸びてくる頃であり、衝動性あるいは不注意から、思ったことをすぐに言葉に出してしまう「攻撃的な言葉」が目立つこともあります。

集団になじめない、仲間はずれにあいやすい、あるいはリュウ太くんのように、集団場面で反省させられる、恥をかかされるといっ

たことが目立ちます。子どもは思うようにいかないことに悲しくなり、親はしつけがなっていないといった批判を受けやすい時期です。

4. 学童期（6歳〜12歳未満）

小学校では、これまで以上に規則に従うこと、一定時間は椅子にきちんと座り続けることが要求されます。先生がお話をしている最中は、前を見て黙って聞くことが求められます。ところが、ＡＤＨＤをもつ子にはそれができません。

授業参観も散々だったりしますし、運動会や発表会である意味ひときわ目立つ言動を示します。子どもにしてみれば、もうどうしてよいかわからなくて「パニック」になったり、教室から脱走したり、果ては登校自体を嫌がったりするでしょう。

リュウ太くんのように、苦手なことばかりではなく、得意なこともあります。しかし、そのときの集中力や記憶力があまりにもよいため、日頃の困った言動がわざとやっているのではないかと思われ、ついつい親もさらに厳しく対応してしまったり、塾や家庭教師を

活用したりします。子どもも親も情けなくて、くやしくて、悲しくて、といった時期です。

おおよそ、この学童期の最初の頃、つまり小学校1～2年の頃に、周囲（主に担任ですが）の勧めや親なりにいろいろ調べて相談してみる、ということになりやすいです。リュウ太くんも小学2年生のときに児童教育相談所などを経由して専門医療機関を受診しました。それぞれの地域によって異なりますが、多くは児童精神科、あるいは小児神経科、小児精神科などが選択されます。あるいは教育相談機関や児童相談所などで相談することもあります。

小学3～4年になると、いわゆる自己主張がより強くなる、反抗期を示すこともあります。一方でそれまで目立っていた多動性はこの時期になるとかなり目立たなくなることが少なくありません。

でも、よくみると椅子に座っていてもそわそわ体を揺らし続ける、ノック式のシャープペンシルのノックボタンを押し続ける、消しゴムを意味なくこすり続け消しカスを山のように作り出す、おしゃべりが止まらないといった、動きの少ない多動さを示すようになります。ときには顕著な反抗的態度や、度重なる叱責を逃れるためにつくウソ、家族を対象に繰り返される暴力、金品持ち出しなどが認められることもあります。

逆に必要以上に自らを責め、気分が沈み、やる気が失せ、といった状態を示すこともあります。小学後半からは、不注意、多動性、衝動性といった基本症状の程度よりも、二次的な情緒・行動上の問題の有無が重要視されていきます。

5．思春期（12歳～19歳未満）

学童期後半から目立ち始めた二次的な情緒・行動上の問題は、思春期に至り多岐にわたり、さらに複雑化していきます。思春期にある子どもたちは、規律やルールに従うことが難しく、家族と衝突しやすく、カッとしやすく、欲求不満を示しやすいといわれていいます。当然ＡＤＨＤのある子どもたちもこうした思春期特性を示すわけですが、その程度が極端になりやすいようです。

さらに集中力の低下や不注意から失敗が続くことで生じた学習意欲の低下（学習を途中で放棄する、はじめから学習に取り組もうとしないといった無気力や投げやりな態度）が目立ち始めます。親や周囲の大人たちとも衝突しやすく、不登校やひきこもりに至ることもあります。

ときには、自分で自分の体を傷つける自傷行為や、摂食行動の異常を示すこともあります。また、級友たちから一方的に無視されている、馬鹿にされているといった被害者的な気持ちでいっぱいになることもあります。

6．成人期（19歳〜）

成人になると、就労先での言動が評価されます。ＡＤＨＤのある成人では、仕事が長く続かない、忘れっぽくて物をなくしやすい、複数の用件を覚えておくことが苦手で時間の管理ができないといったことが生じやすく、職場で極めてネガティブな評価を下されてしまい、ときには精神的な不調感を訴えることもあります。また、アルコールその他の薬物を乱用してしまい、そのため仕事を長く続けることができなくなるケースもあります。

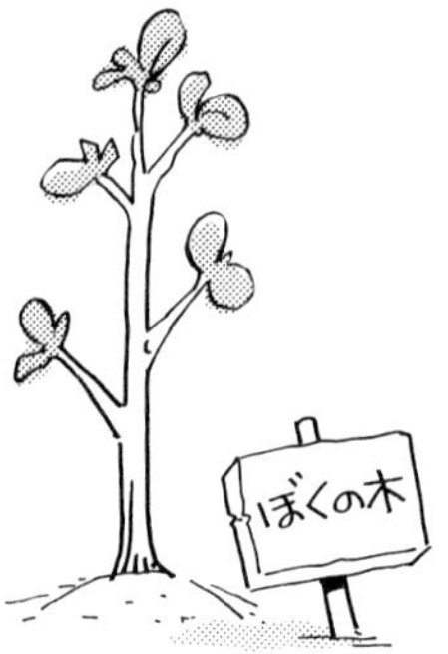

子ども自身がいちばん傷ついている

ADHDのある子どもは、育つ過程において、注意や叱責の嵐にさらされ、孤立感、周囲へのとけ込みにくさを自覚しやすい環境に置かれます。トットちゃんやリュウ太くんが感じていた「生きにくさ」も、そのようなものだったのではないでしょうか。

そんな気持ちを抱えたまま、子どもは一人で傷つき、「自分はダメな人間だ」と思い込んでしまうことも少なくありません。そして傷ついたわが子を見て、親（特に母親）もときには自分を責めながら、だんだんと落ち込んでゆくという、共倒れ状態になってしまうことが少なくありません。

すべての年齢において、大切にしておきたいのは、ADHDのある人の自己評価を必要以上に落とさせないことです。『窓ぎわのトットちゃん』に出てくる小林先生が言い続けた「君は、本当は、いい子なんだよ！」という言葉の意味がここにあります。

漫画の内容に即していえば、最初リュウ太くんの示す言動に対する保育園や小学校における判断は、「愛情不足」からであり、「乱暴に育てた」からであり、「甘やかしすぎて」育てたからであるとし、養育に当たる母親が責め立てられています。こうした周囲の判断は、リュウ太くんのせいではない、ということを証明し、一方的に母親を責め立てます。周囲の判断は、リュウ太くんを思いやった善意からの助言です。これは間違いありません。決して母親を追いつめようと思ってはいないのです。しかし、母親はとても傷ついていたと思います。

一方でリュウ太くんも保育園でお友達から批判の的となり、みんなから「ゆるして」もらう必要のある存在となり、みんなが「変わってくれるのをまってる」子どもと判断されます。母親は「自分が原因とはいえ、矢面に立つことになった」小さなリュウ太くんの情けない、やるせない思いに涙します。つまり、リュウ太くんも傷ついて生きているのです。だからこそ「保育園、行かない」宣言をしたくなるのです。

本来、リュウ太くんにも母親にも悪意は全くありません。それどころか、悩み傷つきながら、それでもなんとかしたいと強く願って生きています。ただ、ADHDの特性が、生活することを難しくしてしまっているだけです。

ADHDと診断される子どもや親は、相談におみえになるまでの長い間、日常生活を送るうえで生じる、こうした生きにくさという辛い感覚を十二分にもって生きています。この障害がもつもっとも有害な影響とは、子どもと親から自尊心を奪うことなのです。

ですから対応は、ADHDの特性を理解したうえで、この障害のある子どもたちを励まし、子育てに悩み立ち往生している親をねぎらうことです。わかりやすく、時間をかけて励まし続けることで、子どもが本来もっている能力の可能性を開花させ、自己評価あるいは自尊感情を高めることを目指したいのです。そして親には、この子にあるたくさんのよい面に気づいて安心してほしいのです。

ちょっとカッコつけて言えば、生きがいの獲得、つまり子どもが「生まれてきてよかった」と思えるようにすることです。これは親にすれば「産んでよかった、この子の親でよかった」と思えるようにする、ということでもあります。

子どもと親への対応

このような観点から、ＡＤＨＤへの対応法として現時点でもっとも有効といわれているのは、環境調整、子どもへの薬物療法、親への養育支援（主にペアレントトレーニング）の三つです。紙幅の都合上ごく簡単になってしまいますが、以下それぞれご説明します。

1．環境調整

ねらいは、ＡＤＨＤの克服・解消ではなく、生活のしやすさを目指した支援です。子どもに、自分自身がもつ生活する力、生き延びる力に気づいてもらい、可能なかぎりの自己評価の改善を目指します。

基本的対応としては四つほどあります。まず、①子どもの視点に立った、問題（困難さ）の分析です。リュウ太くんのケースでいえば「どうしてすぐ怒るんだろう」には「くやしいからではないかな」、「どうしてオモチャを投げて暴れるんだろう」には、「悲しいから、思うようにいかないから、おもしろくないから」といった思いを想像します。

ここで「わがまま」や「自分勝手」といった言葉を使わないことがポイントです。わがままは過剰な自己主張ですから、折り合いがつけばおさまります。ですから問題になるのはわがままではなく、より本質的には「折り合いのつきにくさ」なのです。こう考えると「自分勝手」という言葉も同じ意味だということがわかるでしょう。これら二つの言葉の裏の意味は、「私と折り合いをつけようとしない」ということへの怒りや戸惑いということになります。このような、子どもの行動の裏の意味に近づかないような、あいまいな言葉を問題の説明に用いないようにすべきです。

次は、②長所を探し認めることで、簡単にいえば「ほめる」ことです。③は、習得には時間がかかることを覚悟し、適切な援助を長期間にわたって与え続けることです。高校生でも必要なら声をかけ、朝起こすことが求められます。④は、不適切な言葉をかけない、からかわない、皮肉を言わないことです。つまり馬鹿にしないということですね。

次に三つの症状を中心にした日常の対応についてです。

◆注意力への対応として

・邪魔なものは注意が散漫にならないように机や教室から排除する
・単純明快で簡潔な指示を心がける
・気が散らないように、教師からもっとも目

こういうことが大切なのね！
子どもの行動の裏の意味を考える

の届く場所に座ってもらう（リュウ太くんの場合は教師正面、最前列でした）

◆衝動性への対応として

・ささいなことはできるだけ無視し、なにかよい場面があれば、すぐにほめる
・正しい行動、行為を明記したものを目につくところに示しておく（例えば「廊下は静かに、右側を歩こう！」と書いておけば、走る子どもに対して、「静かに歩こうが規則だよ」と叱らずに気づかせることができる）
・よくない行動（興奮、乱暴）に対しては、説教や批判をせず、その場から離し、一人で考える場所と時間を与える。落ち着いたら、先の行動を責めるのでなく、どうしたかったのかを尋ね、そのために必要なよりよい行動を伝えるため、実際にロールプレイなどで示し、その子から意見を聞く
・あらかじめ行動のルール、約束を取り決めておき、約束が守れたときはすぐにほめる

◆多動性への対応として

・多動性を強引に抑えようとせずに、授業中に小休止を設定したり、ストレッチ体操を取り入れるなどの「動ける保証」をする
・子どもに完璧な態度を求めず、多少の態度のだらしなさは容認する
・移動教室使用時は、単独行動でなくグループで移動させるか、なんらかの役割をもたせる

◆自尊心への対応として

・常に子どものよいところをほめる（そのためにいつも三つくらいは、子どものよいところをほめる言葉を頭にいれておきたいものです）
・間違った行動は叱責・指摘せず、正しい行動を教える
・集団の中で「恥ずかしい」経験をしないよ

う配慮する

◆不安定な情緒面への対応として

・常に確認し、励まし、ほめて、優しく接する

・どのような場合でも、子どもに脅かしや怒りをぶつけない

・校内にほっとできる安全地帯を設置する

2. 薬物療法

現在わが国で小児から成人までのＡＤＨＤ薬として認可されているのは、塩酸メチルフェニデート徐放剤（日本での商品名はコンサータ）とアトモキセチン塩酸塩（日本の商品名はストラテラ）の2剤です。

コンサータは、中枢神経刺激薬で現在18ミリグラム、27ミリグラム、36ミリグラムの錠剤があり、朝1回の服用で効果が10時間以上持続します。副作用としては、頭痛、腹痛、イライラ感、食欲不振とそれによる体重減少、睡眠障害などがあります。

ストラテラは非中枢神経刺激薬で、1日2回の服用となります。即効性があるコンサータに比べ、ストラテラは最大効果が得られるまでに4～6週間ほどの服用期間が必要となりますが、依存、濫用に繋がる危険性が低いと言われています。副作用は、悪心、嘔吐、腹痛、頭痛、動悸、体重減少などで、時に、下痢、めまい、頻脈などがあります。

子どもに薬を使用するときは、当然のことですが専門家の指導のもとで行ってください。診断確定してから使用するのが前提で、まず環境調整を優先します。次に薬物を使用するべき十分な理由があり、それが子どもの利益になることを確認するべきです。また薬を使用した場合は常に、その効果判定を検討し続けてほしいと思います。学童児の場合には、行動評価表（現在はＡＤＨＤ-ＲＳが翻訳されています）などで学校場面での行動をチェックしてもらう必要があります。

私は、薬物療法が奏功した場合、薬物により改善したのでなく、「お薬を使ったことで、キミの本当の力が出たんだね」と認識させ、励ますことを重視しています。服用後に行動面だけでなく書字がきれいになり、学習成果も向上した少年や、絵がきれいに描けて周囲から褒められた少女が、「信じられない点数が取れたあ！」とか、「先生、ボク（ワタシ）の本当の力ってすごいんだよ」と誇らしげに語ったこともありました。

3．親への養育支援（ペアレントトレーニング）

ペアレントトレーニングとは、簡単にいえば子どもとのよい関係をつくり、その関係を保つ方策とそれを実行する方法を学ぶものです。そのため子どもの言動を冷静に観察し、子どもが身につけてほしい言動・してほしい言動を子どもに教える方法と、子どもがそれを実行するのを助ける方法を学び、実行することです。このトレーニングは、子どもの言

〈図〉子どもの言動と親の対応を３種に分ける

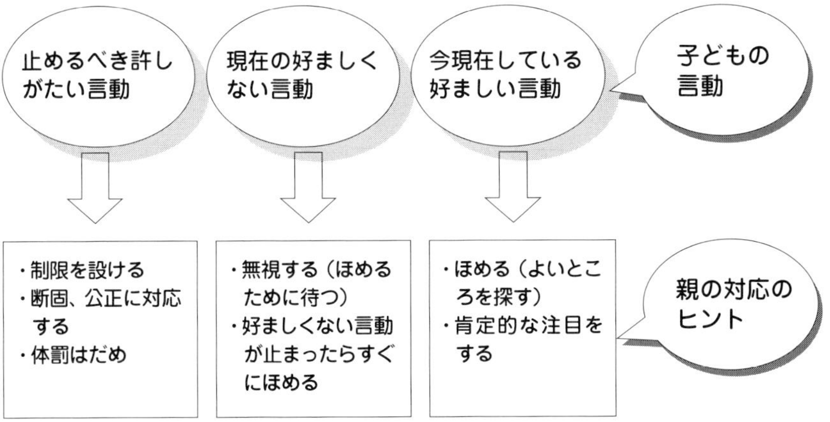
子どもの言動
今現在している好ましい言動
現在の好ましくない言動
止めるべき許しがたい言動
親の対応のヒント
・ほめる（よいところを探す）
・肯定的な注目をする
・無視する（ほめるために待つ）
・好ましくない言動が止まったらすぐにほめる
・制限を設ける
・断固、公正に対応する
・体罰はだめ

動をしっかりと、冷静にみる練習になるとともに、実は親が自己感情のコントロールを学ぶプログラムであるといえます。

まず親に対して、〈図〉にあるような三つの視点で子どもの行動を分類します。

この図のポイントは、子どもにほめる要素があることに気づいてもらうことと、行動はよい悪いと評価できるが、子どもの存在そのものには悪いということは一切なく、常によいということに気づいてもらうことです。

そして、子どもの示す言動を「好ましい言動」と「好ましくない言動」に、大人側で識別し、子どもが「好ましい言動」を示したときは、常に肯定し、認め、励まし、ほめることでその言動を強化します。「好ましくない言動」は、完全に無視し、その好ましくない言動がおさまった瞬間にほめます。

このとき、「叱る、注意する」という介入は、「われわれ（親や支援者）が子どもの行動に注目した」という認識を子どもに与えてその行動を強化してしまうため、行いません。さらに厳しい懲罰や感情的な叱責は、情動レベルでの「イヤな体験」としてしか残らず、あとに無力感や被害感を根付かせてしまう可能性があります。

ですが、どうしてもやめさせたい危険な言動のときは、ときには体を押さえるなどして、躊躇《ちゅうちょ》なく言動を制止します。

ほめ方のコツは、リュウ太くんのように小さい頃は、身体接触を基礎にして「マル！」とか「ピンポーン」と声をかけ、ほめることで、互いの関係を豊かにしていくことが求められます。次に「よくできたね」、「最後まで頑張ったね」と、目の前の子どもの存在を認めるような声かけをしましょう。それからさらに細かい部分への声かけとして「お母さんもうれしいわ」、「ここなんて、よくできたね」、「うまくできたね、秘訣《ひけつ》は？」など、肯定的な声かけを心がけます。おおよそ、幼児期はほめる、学童期は認める、思春期は勇気づける対応と考えておくとよいでしょう。
忘れてはいけないのは、子どもの行動をほめ、認めるタイミングです。ほめるのは行為の最中か直後で、実直に相手の目をみて短い言葉で的確に、しかも皮肉をまじえずに声をかけます。
子どもが指示に従えないときには、①よいところをほめているか、②指示は、穏やかに、近づいて、落ち着いた声で行っているか、③よくない行動については、無視ができているか、④指示に従うまで、同じ指示を出せているか、⑤最後に必ず、ほめているか、などを点検します。
親にはこうしたトレーニングを、ぜひしっかりした専門家と連絡をとりながら、行ってもらいたいと思います。親自身が心身を壊してしまうことを未然に防ぐためです。
親としては、自分の子どもに診断（名）がつくなど考えたくもないし、怖いことかもしれません。専門家のあいだでも、医学的評価、つまり診断が増えることに対する批判もあります。でも診断の意義はマイナスばかりではなく、プラスの面もあります。それは親が心強い支援者を得られる、ということです。ＡＤＨＤをもつ子の親は、重い子育ての

負担を抱えているのです。だから支援をする側も、その点に注意する必要があります。
私は診察場面で最優先するべきことは、親に対するこれまでの養育への慰労と、親のもつ自責感情を弱めることにあると思っています。親のせいではない、育てるのに大変な労力を要する子どもであると、正しく認識してもらうのが大事なのです。
同時にADHDにおける基礎的な情報を正しく説明する必要もあります。リュウ太くんの場合、お父さんも同伴されましたが、ときには父親が同伴できない場合もあります。舅や姑といった他の家族が心配していたり、誤解している場合もあります。そのときは口頭で説明した後に、できるだけ印刷されたものを手渡したり、参考になるようなパンフレットを活用します。
診断名が家族に告げられると、多くの親は①ショックを受けます。次になにかの間違いではないか、という②否認・拒否の時期に移行します。リュウ太くんのお父さんが「なんか嫌なんだよね」とこぼすシーンが、まさにそうですね。その次に「やはりそうか、でもどうしてうちの子が……」という③怒りと哀しみを経て、④原因の究明と解決策探しに向かい、それでもわが子にある障害は消えないということを知り、⑤抑うつ状態に至るということがよくいわれています。
ときには逆に、それまでの子育てがあまりにも深刻であったため、診断がついたことで、安心する、ほっとするということも少なくありません。それでも迷い、今までのことを後悔してしまいます。支援がある程度長く必要ということで、わが子の将来に不安を抱くこともあり、親は気が休まりません。
だからこそ、周囲の支え合いが必要になります。医療機関も必要ですが、実はリュウ太くんとそのお母さんが最初に支えられたのは、園長先生からの心ある電話でした。こうした日常の理解者の存在が必要不可欠になります。学校の先生の協力や理解も必須です。リュウ太くんのお母さんのようにＰＴＡの会合で友達をつくる、とまでいかなくとも、理解者が必要なのです。ときには発達障害の親の会なども力になります。

医師などの専門的知識をもつ理解者・支援者は、子どもへの説明も行います。

簡単な説明（君はここを気をつけようね）はいつもできますが、将来を考えて、診断名を伝えることが必要となる時期があります。私は高校生以降なら慎重に検討したうえであれば、行えると思います。

本人への説明は、親が説明を求めていることが前提です。医師の自己判断では行いません。しかも、子どもがそのことで大きく動揺しないこと、さらに話された内容を簡単に誰彼の区別なく話してしまうことのないような時期を検討します。次に伝えたいと思っている親が二人親の場合、意見が一致しているかを確認します。

ときに説明を受けた子どもが落ち込んだり、「生きていたくない」とか、「どうして僕を産んだの」などと口にすることもあります。そのときに親はおろおろすることなく、毅然として、「君の親であることを誇りに思う」という態度を示してほしいのです。その覚悟と、いざとなったら相談できる場所を親が確保しておくことが、診断名を本人へ説明するときの条件といえます。

おわりに

ＡＤＨＤのある子どもは大人になるにしたがい、特性が目立たなくなるグループが30％認められるといわれています。特性がそのまま続いているグループは40～60％あるようです。残りの10～30％は、うつ病などＡＤＨＤ以外の精神症状に発展することもあるといわれています。

私はこの最後のグループの示す症状は、生きる過程に生じた当事者の生きにくさ、自己評価の傷つきなどからの二次的症状ではないだろうかと思っています。だからこそそれを予防するために、早い時期に子どもも親も追いつめられることなく、互いに笑顔で生活してほしいのです。

早期発見と早期対応は、発達障害全般がそうであるように、大切な二次予防となります。乳幼児期からの親の心労を考えると、すくなくとも親を責めずに養育支援を行うことは必須であり、就学前までのていねいな相談事業が求められます。

ＡＤＨＤは、医学的にはまだまだ検討の必要がある障害です。診断がついたからといって、どの子どもも一人として同じ未来に向かいません。たとえば本書は、あくまでリュウ太くんとその家族の物語であり、ＡＤＨＤの子ども一般の物語ではありません。私は、一人ひとりの生活にひとすじの光がほしいと思っています。

最後に、私が大好きな言葉を読者のみなさんにご紹介します。

精神科医のファーマンは、ＡＤＨＤという診断それ自体の存在に疑問を投げかけ、単純化したアプローチに警鐘を鳴らし、ＡＤＨＤという境界線のあいまいな世界で区分けすることなく、「個々人の心理・精神病理と、教育状況と、家族の必要性に立ち返るべきである」と述べました。子どもをしっかりと見ていきましょう。

１９３０年に『子どもの教育』という本を著した子どもの精神科医、アドラーは、子どもは必ず改善するものである。万が一改善を示さないのであれば、われわれの対応の問題である。子どもを助ける方法はいつもある、と主張しました。あきらめずに、子どもと向き合い続けましょう。

私は、発達障害とは、発達の障害ではなく、ある種の特性のある発達のみちを歩む人の生活が、周囲の無理解や配慮のなさから障害されたときに呼び称される名称であると思っています。その意味で、発達障害と呼ばれるものは生活の障害であると思います。ゆえに日常の生活を少しでも改善する方向へと歩みを進めることができるように、本人や親、また支援する関係者も一緒に発達し続けていきたいと思っています。従来の「発達障害」があるといわれる人たちも、言うまでもないことですが、発達し続けるのです。育ちを信じて、親も子も育ち合いたいと思います。

最後になりましたが、リュウ太くんとご家族のこれからの人生が、充実した豊かなものになることを祈っています。

参考文献

◆アルフレッド・アドラー（岸見一郎訳）『子どもの教育』一光社、１９９８年
◆岩坂英巳、中田洋二郎、井潤知美（編著）『AD／HD児へのペアレント・トレーニングガイドブック』じほう、２００４年
◆黒柳徹子『窓ぎわのトットちゃん』講談社、１９８４年
◆黒柳徹子『小さいときから考えてきたこと』新潮社、２００1年
◆田中康雄『軽度発達障害』金剛出版、２００8年
◆日本精神神経学会（日本語版用語監修）、髙橋三郎、大野裕ほか（訳）『DSM-5　精神疾患の診断・統計マニュアル』医学書院、２０１4年
◆Furman.L., “What Is Attention-Deficit Hyperactivity Disorder（ADHD）?” Journal of Child Neurology (20), 994-1002, 2005

あとがき

運動会の合同練習を覗きに学校へ行くと、小学校五年生になったリュウ太は一人で、教室でいじけていました。クラスの子とケンカになり、「運動会には出ない」といいはるので、「嫌なことがあったんだね。じゃあ無理して運動会に出なくてもいいよ。来年もあるしね」というと、「やっぱり練習する」と、校庭にいるみんなの中に交じっていきました。

以前の私だったら、「どうして自分の感情を抑えて行動できないのかしら？　先生に迷惑をかけて申しわけない」と世間体ばかりを気にしていたと思います。

でも今は、集団のルールを守ることは大切だけれど、そちらを優先しすぎてストレスを感じてしまうのならば、私たち親子は少しルーズに生きようと思っています。田中康雄先生の講演会で、「のんびり育てようという気でいれば、困ったことはおきない」という、ある親御さんの話を聞き、我が家も「できる範囲でいい」「強制しない」「競争しない」というのんびり子育てを実践中です。

最後になりましたが、お忙しい中、この本の監修をしてくださいました田中康雄先生、プロデュースをしてくださった宇野智子さん、編集の労を執ってくださった中満和大さん、この本を手にとってくださいました方々に感謝いたします。ありがとうございました。

二〇〇九年六月

かなしろにゃんこ。

企画構成／宇野智子
装幀／小林はるひ

※改訂された診断基準に基づいて「解説」の一部に
加筆・訂正を行いました（2016年８月５日追記）

著者　かなしろにゃんこ。
千葉県生まれ、漫画家。1996年に「なかよし」でデビュー。代表作に「ムーぽん」ほか。『大人も知らない「本当の友だち」のつくり方』、『11歳の身の上相談』（ともに講談社）などにもイラストや漫画を寄稿している。著書に『発達障害　うちの子、将来どーなるのっ!?』（講談社）、『発達障害　うちの子、人づきあい　だいじょーぶ!?』『うちの子はADHD　反抗期で超たいへん！』（以上、講談社）、『発達障害でもピアノが弾けますか？』（原作・中嶋恵美子、ヤマハミュージックメディア）などがある。

監修者　田中康雄（たなか・やすお）
1958年生まれ、北海道大学名誉教授、児童精神科医、臨床心理士。こころとそだちのクリニック　むすびめ院長。'83年に獨協医科大学医学部卒業後、旭川医科大学精神科神経科医局に入局、同病院外来医長、北海道立緑ヶ丘病院医長、同病院児童部門担当などをへて、国立精神・神経センター精神保健研究所児童・思春期精神保健部児童期精神保健研究室長に。'04年から'12年まで北海道大学大学院附属子ども発達臨床研究センター教授を務めた。日本発達障害ネットワーク（JDDネット）の理事でもある。著書に『気になる子の保育Q&A－発達障がいの理解とサポート』（学習研究社）、『軽度発達障害－繋がりあって生きる』（金剛出版）、『発達障害とその周辺の問題』（中山書店・共著）など多数。

漫画家《まんがか》ママの　うちの子《こ》はADHD　　　　こころライブラリー

2009年６月25日　第１刷発行
2021年４月５日　第９刷発行

著　者　かなしろにゃんこ。
監修者　田中康雄《たなかやすお》
発行者　鈴木章一
発行所　株式会社講談社
郵便番号112-8001
東京都文京区音羽2-12-21
電話　編集　03-5395-3560
販売　03-5395-4415
業務　03-5395-3615
印刷所　株式会社新藤慶昌堂
製本所　株式会社若林製本工場

N.D.C.494　151p　21cm
定価はカバーに表示してあります。
落丁本・乱丁本は購入書店名を明記のうえ、小社業務あてにお送りください。送料小社負担にてお取り替えいたします。なお、この本についてのお問い合わせは第一事業局学芸部からだとこころ編集あてにお願いいたします。

ISBN978-4-06-259495-0

うーっ長ぃ!
〜リュウ太5歳のころ〜

お子さんの話をたまにはじっくり聞いてあげてください
はい
それでねー ダンゴ虫さんがねー たくさんいてね ワラジ虫とダンゴ虫はね にてるけれどちがうんだよ まるまる方がダンゴ虫なの それでねー
うん うん!
リュウ太はダンゴ虫博士ね
いまぼくがはなしてるのに
ムっ
ええ〜 あいづちを入れて聞いてますよぶりをアピールしたのに怒るってどういうこと?
20分後
でねー 先生もダンゴ虫をあつめてくれてねー
ベラ ベラ
まだ続くの!? ダンゴ虫だけで引っぱるな〜
好きなことはずっとしゃべっています

ここまで読んでくださりありがとうございました✿リュウ太のことは色々あって一冊に書ききれません。またいつか続きを書けることがありましたら見てください。